ちくま新書

お姫様とジェンダー

——アニメで学ぶ男と女のジェンダー学入門

若桑みどり
Wakakuwa Midori

お姫様とジェンダー——アニメで学ぶ男と女のジェンダー学入門【目次】

挿画 金谷彩子

はじめに

この本は、私が二〇〇一年から二〇〇二年にかけて川村学園女子大学の人間文化学部生活環境学科で教えたジェンダー学の講義をもとにしたものである。

ジェンダーということばはずいぶん馴染みになってきたが、高校訪問などをしていると、まだまだ「ジェンダーって何ですか?」とか、「それがどういう役に立つのですか?」と聞かれることが多い。世間のひとびとも、ジェンダーということばは知っていても、どういうものかあまり知らないひとが多い。それはたいへん残念なことだし、これからの時代を生きるには、だれでも知っておいたほうがいいと真剣に思う。しかし、今出回っているジェンダーの本は相当にむずかしく、専門的なものが多いので、それなら、いっそのこと、高校を出たばかりの女子大生に教えている私なりのジェンダー学入門を、そのまま世に出そうと決心したのである。

中身は非常に単純な構成で、プリンセス・ストーリーを題材にしたディズニーのアニメを見て、学生と教師が双方向で意見を述べあう形式になっている。プリンセス・ストーリーのアニメはだれでも見たことがあるので、楽しみながらジェンダーがわかる本になってくれればいいと思っている。ジェンダーを女子大で教えている仲間の先生たち、中学や高校で女子生徒を教えている方々、そして高校生、ジェンダーに関心のある社会人や主婦、そしてあまり関心のない方々にも、読んでいただきたい。そしてこれは最後にであるが、いまどきの女子大生がなにを考えているのかを知りたい「おじさま」たちにも、ぜひ読んでいただきたいと思っている。

第一章

女子大でどうジェンダー学を教えるか

ジェンダーというものは、社会や文化や心理のあらゆるところに潜在しているものの考え方や感じ方、行動の形式や価値基準、そしてそこから組みたてられた習慣や制度や法律である。だから、「ジェンダー学」を教えるには、経済学の専門家が経済のなかでの女性の問題を扱い（日本では大沢真理さんという偉い学者がいる）、社会学の専門家が社会のさまざまな領域での女性の問題を扱い（有名な上野千鶴子さんがそうである）、私のような文化表象にかかわっている者は、文化や表象のなかにおける女性を扱う。このほか、政治、法律、心理学、医学、科学、歴史学、教育学の専門家でジェンダーを扱っている学者は世界には数多い。つまり、実に広汎な領域にまたがっている思想なのである。いわば、「ものの見方」の学というべきであって、それ自体が孤立して存在する「学問領域」ではない。ここに一種のわかりにくさがあるかもしれない。

ジェンダーをどう教えるかということは、日本ではまだはじまったばかりで、いま日本中の大学、とくに女子大で教えている教師たちが真剣にその方法論を議論し、その実践を記録し、出版している最中である。

おもなものでは、日本ジェンダー学会が編纂した『ジェンダー学を学ぶ人のために』（冨士谷あつ子、伊藤公雄監修、世界思想社、二〇〇〇年）、木村涼子著『学校文化とジェンダー』（勁草書房、一九九九年）、小川真知子・森陽子編著『実践 ジェンダー・フリー教育

――フェミニズムを学校に』（明石書店、一九九八年）、渡辺和子・金谷千慧子・女性学教育ネットワーク編著『女性学教育の挑戦――理論と実践』（明石書店、二〇〇〇年）などがある。このほか私が読んでいないものや、ここにあげていないもの、直接に教育に関係がなくても同じように知識をくれる本は数多くある。でもすこし手前みそになるが、実際に学生との接触をとおして、ひとつのテーマで講義を記録した本はほかにはない。この本がはじめてだと思う。

1　ジェンダーとはなにか

講義の最初に、「ジェンダーとはなにか」ということをやはり簡単に説明しておく必要がある。人間は雌雄異体で生殖をするので、生殖機能によって、オス、メスの解剖学的な違いがある。このような生理学的な相違から生じるオス、メスは、彼らが生まれつきもっている「性／セックス」である。それは「生物学的な性差」である。

しかし、人類はもう何万年ものあいだ、動物たちとはちがう高度な社会や文化を発展させてきた。そして動物的な性差の上に、文化的、社会的、政治的、かつ心理学的な性差の構造を築きあげてきた。これをジェンダーといい、セックスと区別している。

女性は子どもを生むことのできる生物体であるということだけが男性とちがっているのだが、社会や文化は、それを根拠にして、「女は子どもを生み育てるために存在している」とか、「育児をするのだから家庭にいるのが女の義務だ」ということになり、「母性愛は女性の存在理由であり、本能である」ということになり、あげくのはては、ある都市の知事がいったように、「子どもを産みおわった婆あは生きている価値がない」とまでいうようになった。

つまり、女性は子どもを産むという身体の機能をもっているために、もっぱら子どもを産み、育児や家事をするものであると決められ、そのために家庭という「私的領域」に囲い込まれることになった。「囲い込まれる」という言い方は、首に縄をつけて連れてゆき縛られるわけではなく、その方向にしか行けないように、そしてその方向にすすんで行くように誘導されるからである。たとえば、女性が自立できるような確かな職場や働く条件が確保されなければ、結婚するしかないし、そのほうが楽でもある。さらに、教育や文化やメディアが、「お嫁さんになる」とか、「すてきな結婚」とか、「母になれない不幸な女」などとくり返せば、どうしてもそれが幸福の唯一のすがたにみえてくるから、喜んでそこへ行くようになるからである。そのように、無意識の心の底にまで浸透してしまった、目に見えない社会の教育を、「刷り込み」と呼んでいる。

あるいはまた、女性は家庭にいて夫や子どもや舅姑のためにつくすのが仕事であるから、自分の才能を磨いたり、学問をやったり、仕事に打ち込んだりする強さや力や知性をもつことは不必要であり、それどころか不幸である。それは「女らしくない」ことだからだ、と教える。女は他人に気に入られるように美しく、やさしくして、いい男性と結婚してその子どもを産み、やさしい母親になることが「正しいありかた」だとされる。そこでは女性は「女らしい」ことが、男性は「男らしい」ことが要求または強制されており、個人の自分らしさ、つまり個人の特性を生かすことは、その特性がそれぞれの性の「らしさ」に違反するかぎり、非常にむずかしい。

このような「男らしさ」「女らしさ」のように、「性にもとづく固定的な観念」や、この固定的観念と生物学的機能の差異の上に築かれた「性別役割分担」、そして、これらをもとにして、あるいはこれらと補いあってつくられた、「男性は社会、家庭、企業、団体の中心であり、女性は周縁である」ことを自然なこととする男性中心主義の通念、習慣、法律、諸制度、文化ができあがった。これが「社会的・文化的性差」としてのジェンダーである。くりかえせば、生物学的な性差をセックスといい、社会的・文化的につくられた性差をジェンダーという。

このジェンダーは、長い歴史をもっており、しかも複雑で大規模な構造なので、私たちはそのなかにどっぷりつかって生きている。だから、それはまるで自然で運命的な人類のありかたのように見える。実際には、西欧では中世からすでに多くの女性が、自分の才能や生き方を貫くことができないこの構造のなかで苦悩し、そういう構造を運命だと思うことに疑問や抵抗をぶつけてきた。十四世紀ころから「初期フェミニスト」が登場していて、そのような掘り起こしがやはりさかんに行われている。美術史でも同じことが行われていて、古代、中世にいた女性の芸術家たちを「掘り起こし」ている。興味のある方は私の『女性画家列伝』(岩波新書、一九八五年)をみていただきたい。

しかし、そのころは女性たちの声はまだとても小さかった。時代がまだ封建制であったし、封建制は階級という差別の上になりたっており、また西洋ではキリスト教、日本では仏教が、宗教の名において、女性を「罪深い性」だと教えていたので、女性差別は根雪のように女性たちの声を埋もれさせていたからである。どちらの宗教でも、教祖や最高神や専門の宗教家が男性であることをみれば、それらの宗教が男性中心であったことがよくわかる。

したがって、女性たちがこれはおかしいと異議を唱え、その声が、世界にひろがって大きなうねりになり、ひとつの思想となり政治運動となり、世界的な合意を得たのは、二十世紀も後半のおそくになってからのことである。その前提として、階級差別や人種差別などを廃し、すべての人間の基本的な平等や、個人の尊厳や自由の権利を、普遍的な思想として認めるということが必要だった。階級差別や人種差別が法によってとりはらわれたのは二十世紀のことなのだ。それはどちらも人間の「生まれ」によって差別するのをやめようという普遍的な理念が認められたことによって可能になった。

同じように、ひとが女性、男性であるのは、「生まれ」によってそうなるのだから、べつに入試センターテストの成績の結果でそうわけられたわけではない。だから、女性差別は、階級差別や人種差別や年齢差別などと同様に、解消しなければならない人類の課題なのである。女性への差別の構造が廃止すべき旧弊として国際的な合意を得たのは、具体的には、一九七九年第三四回国連会議の「女性に対するあらゆる形態の差別の撤廃に関する条約」（反対ゼロ、日本も賛成、棄権一一）である。それ以降、世界は先進国を中心として、この最後の差別の構造をなくすために多くの法や施策を打ち出してきた。

二十世紀は宇宙を探検したり、情報革命を起こしたり、あらゆる技術革命を推進しただけではない。人類の最後の差別地帯といわれた男女の差別を解消することに着手した画期的な世紀なのである。しかし考えようによっては、人類はこの差別を是正するのにこんなにも手間取ってしまったのは、いったいなぜだろうということもいえる。

2　家父長制とはなにか

　知られているかぎりでは、この構造はもう数千年かそれ以上も続いてきたのである。その結果として、この世界は圧倒的に「男性優位」の世界になってしまった。なぜ数千年かというと、学者たちはこのようなジェンダーをつくり出す社会は家父長制社会であり、その社会は農耕と牧畜が盛んになって、「財産・土地」の私有が始まった頃に成立したと考えており、これと同じ頃に、家族という組織や国家という制度もはじまったとしている。

　というのは、原始的な狩猟採集時代には土地の私有も財産もなく、家族も国家も形成されていなかった。子どもの親は母親だけが明確に認知されるので、基本的に母系制であり、大地の豊穣と多産のシンボルである大地母神が信仰されていた。その後人類はさまざまな過程をたどって私有の土地と財産を蓄積し、筋力をもった戦争を行う男性が支配権を握り、支配と被支配の社会と文化を作るようになった。この過程で、女性の生殖機能と出産力が、男性の所有とみなされ、女性は特定の男性に所属し、その男子の後継者を産む者として家庭に囲い込まれるようになった。道徳、宗教、文化などによるジェンダーの構築は、このような秩序を理論づけ、永続させるために創造されたのである。

ここで、エンゲルスが『家族、私有財産、国家の起源』(戸原四郎訳、岩波文庫、一九六五年)で書いた名文句を紹介しよう。人類が原始的なくらしを送っていた途方もなく長い間、生命の産み手である女性は部族のなかで中心であり、尊重されていた。それが私有財産や国家などの権力組織ができた社会では財産、つまり「モノ」を生産する男性が、「生命」を生産する女性の上位にたって、女性の生産力を私有するようになったのである。エンゲルスはそのことを「女性の人類史的敗北」と呼んでいる。

原始的な社会では、生命の生産(このことを再生産という)がモノの生産よりも尊重されていた。しかし、私有財産と国家が組織された高度の社会になってからは、それが逆転して、モノの生産が生命の生産の上位に置かれたのである。男性が女性を所有して後継者の男子を生ませ、それに財産を継承させる。それ以外の男女は労働力(階級社会では奴隷)になる。それも男性の財産となる。いまは資本主義の社会だが、いっそうモノの生産が再生産よりも上位にあり、モノを生産する男性が、生命を生産する女性を統括し、支配している。しかし現代では、その必然の結果として先進国では軒なみ人口が減ってしまった。生命を産む性を尊重しない社会で生命が増えるわけがない。このシステムが金属疲労に陥った証拠である。

だからといって、私たちは、原始の昔に返そうというわけではない。歴史は逆転しないのである。そうではなく、再生産（生命の生産）とモノの生産を同じ価値をもつものとして、イコールで結ぼうと考えている。しかも、かつてのように再生産＝女性の占有役割、生産＝男性の占有領域という硬直した図式も無効になってしまった。なぜなら本来子どもは母親だけが産むのではなく、父親も産むことにかかわっているのであるから、子どもは男女ふたりの責任で育てるべきだからだ。それに、文明が高度化した今日では、女性の産む子どもの数は減少し、かつての家事の多くは産業に肩代わりされたので、育児と家事はもう女性の長い人生を充足させない。女性もまたその意志と才能にしたがって社会で生産にたずさわり、文化を創造したいと考えるようになった。つまり平等を求めたのである。だから今私たちの考えている理想の社会とは、いのちの生産も、モノの生産も同様に尊重し、同時に、その双方を男女で分担するような社会である。

このような人類の歴史を数千年のスパンで語ってみることは、考古学、人類学、文化人類学の仕事だが、ジェンダーが「自然」でも「運命」でもないことを理解してもらうには、人類史を展望するという作業がどうしても必要である。すぐれた欧米の学者の本や論文が数多くあるが、とりあえず私の『象徴としての女性像――ジェンダー史からみた家父長制社会における女性表象』（筑摩書房、二〇〇〇年）の第一章「女神の没落」と、その参考文献をみていただくのが一番てっとり早い。それから家父長制について飲み込むには、上野千鶴子さんの『家父長制と資本制――マルクス主義フェミニズムの地平』(岩波書店、一九九〇年)がてっとり早い。

同じことが、美術史や考古学や文学や宗教学を講義しながらジェンダーを教える場合にも言える。旧石器時代にユーラシア大陸の各地に遍在した、妊娠した女性の土偶の研究を紹介することや、クレタ島の女王祭祀の歴史や、ギリシア悲劇における母尊重から父尊重に変化する過程や、インドやアフリカのいくつかの部族の女神崇拝(現在も残る)や神話などの話をすることもそうである。中世史では魔女狩りの歴史が人気もあるし、女性に対する偏見や差別が集団的な狂気を起こしたことを知ったり、また、あまり歴史に興味のなかった学生が、中世史などを自分自身の身近に感じるという効果もある。

私の経験では、女子学生は初年次であっても、このような大きな枠組み(パラダイム)の説明に興味と関心をもち、学問というものは、常識を破ること、あたらしい考え方を学ぶという喜びだということを感じてくれる。でも、初年次の学生に、これらの分厚い学術用語でいっぱいの書物を読破させるのはまだ早い。教師がレジュメにして配付し、自分のことばで敷衍して語っていかないとくいついてくれない。学術書の講読をさせて学生にレジュメを書かせるのは、私の大学では三年のゼミに入ってからである。無論、学生の能力はさまざまであるが。

さて、この家父長制社会の説明だが、それは社会のさまざまな機構や家庭のなかで男性が中枢の権力を握っている社会、そして地位や財産や姓名や祭祀（先祖の礼拝や宗教）を行う者が男系で伝承される社会、と説明できる。そこでは女性や子どもは男性の下部、そして周縁に置かれる。これは男女の自然な能力差に基盤をもっていない。なぜなら、個人的にみれば、優れた知力や体力をもつ女性はいくらでもいるからである。そこで、制度や習慣、思想や道徳などによって、最初に述べた「女の役割と性格」がつくりだされる必要があった。女性を生殖とその周辺の私的な領域に閉じ込めておくという努力、つまりジェンダーによってこの社会の秩序が維持されてきたのである。

しかし、自然に基盤をもたないこの不平等な構造は、次第に文明の進歩にあわなくなってきた。多くの矛盾がこの社会を疲弊させ、男性の独占支配を守ろうとする努力にはほころびが出てきた。ひとつの国のなかで、国民の半分が他の半分の召使い、または補助役として生き、尊厳をもって自由に生きる権利を保証されていないような国では、国民のエネルギーは半分しか生きていない。家庭のなかで、男性だけが経済を担当し、家族を支配しているような家庭では、家族が平等な権利と義務をわけもつことができない。母親が父親の支配下に置かれているのを見て育った女性は、家族をもつことや子どもをもつことを、自分の自由と尊厳の放棄だと思ってしまう。その結果として再生産（子どもの出生）が減退し、人口も減り、女性は希望を失って自立性を喪失し、そのような女性に育てられる子どもたちの心は萎縮し、人心は荒廃し、ひとびとは未来に幸福な発展を展望することができなくなってしまった。

私は架空なことを語っているのではない。二〇〇二年の九月にイタリアから帰る飛行機のなかで、ノルウェイ人の、漁業に使用するパイプかなにかの技術者である男性と隣席になった。「あなたの国の経済はどうですか」と聞くと、彼は「よすぎる。トゥー・マッチだ」と答えた。「よすぎるということはないでしょう！」と私は言った。「いや、このままでは若い者がぜいたくで怠け者になってしまいはしないかと心配だ」「人口の減少はどうですか」「増えている」と、彼はあくまでも不満そうにいった。「なにしろ男が子育てをして女が働いているからだ」。

帰国して新潟県立短期大学での、ノルウェイの労働監督局顧問、EU男女機会均等諮問委員会ノルウェイ代表、男女平等オンブッドのミーレさんの講演をチェックすると、事態はそのとおり、この国は男女平等先進国だった。女性の七〇％が就労していて、経済的に自立しており、夫婦は法によって別姓、一年間有給の育児休暇、父親は四週間の育児休暇を、子どもが病気のときにはどちらかの親が一〇日間有給休暇がとれるという親切さである。多くの閣僚や大臣が小さい子どもをかかえた女性で、女性がやりたいことを国が支援しているので、出生率は上昇傾向にある。男女が働いて家庭の収入が増えれば国家の税収も増える。税収が増えれば福祉も充実し、未来に不安がないから安心して子どもを産む。子どもが増えれば消費は拡大し、雇用も拡大する。まわりまわって、結局、自分を幸福だと思う女性の活力が社会を未来へとつなぐのである。

国民の半分、つまり女性を抑圧し、不幸な状態にしておく国家にはもう未来はない。ふてくされたような女の子が街のなかにあふれているのも、私によれば無理のないことに見える。責任も尊厳も与えられないのならば、とりあえずふてくされるしかない。元気なのは、女性集団を抜け出して、男性と同じことをやろうと思っているエリートの女だけである。

内閣府の男女共同参画局の統計をみても、ノルウェイの出生率は一九九八年に一・九で、二・〇六のアメリカには及ばないが（アメリカの出生率の高さは移民が増えたためもある）、先進国中の上位にある。いっぽう日本では、九九年に一・三四、二〇〇〇年には一・三六である。内閣府の統計でも、「女性（二五歳～三四歳）の労働力の高い国では出生率も比較的高い。少子対策の観点からも、仕事と子育ての両立支援施策をすすめることが必要であると考えられます」とある。分析によれば、出生が減少した理由は、未婚率の増加と結婚年齢が高くなったこととある。これは女性が結婚や育児に、夢も希望ももてなくなっていることが大きな原因であろう。育児と家事に人生を使い果たし、自分の人生を生きることができなかった自分の母親に失望しているのかもしれない。

これからは男女が「共生」してゆく社会をつくっていかなければならない。社会でも家庭でも、男女がともに主体であり、対等に協力できる社会をつくることが必要である。

生殖上の機能の差の上に築き上げた虚構の文化的社会的性差、つまりジェンダーは、数千年たってはじめて二十一世紀で崩壊するのである。フランス革命もこの革命にくらべれば小ぶりである。近代の社会はすべての人間に平等な権利を認めている。すべての人間がその自由意志で自分の人生を構築する権利を認めている。同時に、すべての権利は責任を伴う。この社会は、男女が平等に責任を分担しあう社会でもある。女子にもしっかりとその責任を自覚してもらわなければならないのである。ふてくされていてもらっては困るのである。女の子に元気を出してもらわなければならない。彼女らを尊敬し、大事にして、責任とプライドをもって貰わないといけない。

3　男女共同参画の意義

　このように言うことが大袈裟な宣伝でもなければ夢でもないことを学生に知らせるには、現在日本の政府が国の大事業として推進している「男女共同参画基本法」について知らせることが不可欠である。福田官房長官も、「女性と男性の平等を実現することは二十一世紀の日本の最重要課題の一つ」と発言したと、二〇〇二年一一月三一日の千葉県我孫子市男女共同参画宣言都市記念式典に出席した内閣府参事官が語っていた。ついでにいうと、この我孫子市は働く母親のための保育や学童保育、子育てをおわった能力ある壮年女性のための市職員のポストを設けるなど、積極的な活動を行っている最前線の都市である。この再就職のポストには、ポスト一つに七〇〇人の応募があったと市長が語っていた。能力と意欲がありながら、子育てや家事のために社会に出る望みをせきとめられている女性たちの呻きが聞こえるような気がする。

　世界では、一九七九年の第三四回国連総会で採択された「女子に対するあらゆる形態の差別の撤廃に関する条約」に日本も賛成し、一九八三年に批准してから、二〇〇〇年の国連特別総会「女性二〇〇〇年会議：二十一世紀に向けての男女平等・開発・平和」まで、多くの宣言や条約が採択されている。日本では一九九九年六月二三日に、「男女共同参画社会基本法」が公布・施行された。基本法では、男女共同参画社会をつくっていくための五本の柱（基本理念）を掲げ、行政（国、地方公共団体）と国民それぞれが果たさなくてはならない役割（責務、基本的施策）を定めている。基本理念——男女共同参画社会をつくっていくための五本の柱とは、以下の五項目である。

1. 男女の人権の尊重
男女の個人としての尊厳を重んじましょう。男女の差別をなくし、「男」「女」である以前にひとりの人間として能力を発揮できる機会を確保していきましょう。

2. 社会における制度又は慣行についての配慮
固定的な役割分担意識にとらわれず、男女が様々な活動ができるよう、社会の制度や慣行の在り方を考えていきましょう。

3. 政策等の立案及び決定への共同参画

男女が、社会の対等なパートナーとして、いろいろな方針の決定に参画できるようにしましょう。

4．家庭生活における活動と他の活動の両立

男女はともに家族の構成員。お互いに協力し、社会の支援も受け、家族としての役割を果たしながら、仕事をしたり、学習したり、地域活動をしたりできるようにしていきましょう。

5．国際的協調

男女共同参画社会づくりのために、国際社会と共に歩むことも大切です。他の国々や国際機関とともに相互に協力して取り組んでいきましょう。

なんとすばらしい項目だろう！　これがほんとうに実現されるのなら。

いまはじめて、長い間フェミニスト（ジェンダーによる男女の差別を解消しようとするひとたちのこと、女性とはかぎらない）たちが主張していたことが国の方針になったのである。ジェンダーをどうしてすべてのひとが勉強しなければならないか、それでご理解いただけ

たであろうか。

このように、ずいぶん遅れてではあるが、一九七〇年代から自分らしく生きる自由で平等な社会を願って苦闘してきた女性たちにとって、願ってもないジェンダー構造の解体が、まさに国連と国家のレベルで、グローバルスタンダード(世界的基準)として推進されることになったのである。これからは私たち教育者はひとりひとりの若い女性、男性にこのことを浸透させてゆかなければならない。日本はこの条約を批准したのだから。これを実施しないことは世界基準を下回ることになるのである。

4 ジェンダーと文化のかかわり

男女共同参画法と活動について、また雇用や労働の現場での問題については、専門分野でいえば政治学、社会学、経済学の領域の専門家が丁寧に教えるのが筋である。川村学園女子大学ではジェンダー社会論という科目があって、そこでは労働社会学の柚木理子さんがそれを分担している。理想的にいえば、前に述べたようにジェンダーとは「社会的・文化的性差」なのだから、ジェンダー社会論とジェンダー文化論がそれぞれ連係しながら特化しているのが望ましい。その点では私の大学ではうまく構成されている。また、再生産をめぐる権利や、女性のセクシュアリティーについては、教育学の内海崎貴子さんが分担している。いまは、学部がわかれているが、二〇〇四年には大学院ができてそこで共同分担することができる。また文学や宗教学でジェンダーにかかわる教員が集まってジェンダーの副専攻をつくり、ヴァーチャルな女性学センターもたちあげている。

というのは、ジェンダーは富士山のようなもので、非常に広大な領域であり、そのなかに多くの既存領域を包含している超領域だからであるが、どの登山口から上っても、頂上に行くのは同じで、頂上にのぼれば全体が見える。ひとりでやることはとうてい無理で、大勢の先生が共同分担するのがいい。いまジェンダーをカリキュラム化しようとしている大学はみなそのようにしている。

しかし、いまは学際、超域が大学の常識だから、先生がひとりの場合には、苦労してでも社会的な問題と文化的な問題を、どちらも均等に教えることが大事だと思う。なぜならいくら制度や法を整備しても、内側からジェンダーを再構築してしまうのは、ひとびとの内面に刷り込まれた意識だからである。表では政府のいうことだからと男女共同参画を推進していても、内心では、なんだって女が威張る時代になったんだ、女なんてバカでかわいければいいのだと思っている男性が多い。このような内面の意識や心性を創造しているのは、彼らが今まで育ってきた文化だから、これに手をつけなければ、いつまでたってもグローバルスタンダードは砂上の楼閣である。

教師が豊富にいる場合には、ジェンダー文化論という領域は、このなかでとくに文化におけるジェンダーを問題にするので、文学、美術史、表象文化、映画、メディア論（これは社会学と乗り入れである）などの専門家がかかわることが望ましい。この分野がどのようにジェンダーを知るために有効であるかということについては、社会学出身であるが、広く家族や国家の問題を研究している大阪大学大学院助教授の牟田和恵さんが、つぎのように書いているので全文を紹介したい。

女らしさの神話とシンデレラ・コンプレックス

男女共同参画社会基本法が制定され（一九九九年六月）、国や自治体は基本計画の制定や行動プランの策定に取り組んでいる。その中で「ジェンダーフリーの社会」はキーワードであり、「ジェンダー」の語は一般にもなじみの語となりつつある。

ジェンダーはふつう、生物学的性差に対する、「社会・心理的性差」と定義されるが、具体的には、「男は仕事、女は家庭」のような、男女の性別による固定的な役割分業として現れたり、女性に差別的な社会制度や仕組みと結びつけて表現されたりする（たとえば国会議員など政治の代表性における「ジェンダーギャップ」）。しかし、ジェンダーは、分業の規範や顕在的に現れる差別にかかわるだけでなく、深層の、無意識レベルにもひそむ観念であるし、女性のみならず男性の在り方にも深く根をおろしている。

たとえば、性別期待徳目というものがある。親が子どもに対して、こういう風に育ってほしい、こんな人になってほしい、という期待だが、日本では、男の子に対しては、たくましく責任感のある人物に、女の子にはすなおで思いやりがある人に、というパターンが一般的だ。責任感にしろ、思いやりにしろ、人として望ましい性質、すなわち徳目であるわけだが、どうしてこれらが、女の子と男の子とでは同じようには望まれないのだろうか。

「思いやり」「すなお」のどちらにしても、ポジティブな特性のように見えるが、しかし女の子や女性にこれが向けられるとき、それは、「寛容」「心が広い」こととは若干ニュアンスが異なる。つまり、他人に対して、ゆくゆくは夫や家族に対して、自分の欲求よりも彼らを優先して自己犠牲をすすんですることが「思いやり」なのであり、自分の主張や意思をおさえて他者に従順であることが「すなお」なことなのだ。なんらかの仕事を成し遂げるためには責任感とたくましさは必要なわけだが、それよりも、女の子には他者の欲求を自己の目標よりも優先させること、つまり控えめで他者に奉仕をすることが望まれているのだ。すなおさ、思いやり、といった「望ましさ」の中にも、女性を縛る規範が隠されているのだ。

ダウリングは意識的・無意識的に女性にかけられるこのような縛りを「シンデレラ・コンプレックス」という卓抜な表現にあらわした（コレット・ダウリング『シンデレラ・コンプレックス』三笠文庫）。シンデレラといえば、不幸な境遇にあった娘が王子様に見初められ、妃として迎えられてハッピーエンドの、長く女の子に愛されている定番おとぎ話だ。そのストーリーには何の不都合もないように思える。しかし、とダウリングは問う。シンデレラは果たして自分が幸福をつかむために何か努力をしただろうか？　何の落ち度もないのに継母や継姉たちに召使い同然の不当な扱いを受けているが、そこから脱出を図った形跡はない。要するに不当な仕打ちにも「すなおに」ひたすら耐えていたわけだが、そうしているうちに魔法使いによってお城の舞踏会へ行くチャンスがめぐってきて、王子に見初められる。しかしここでもシンデレラは、「惨めな境遇からの脱出のいいチャンス」とばかりに果敢に王子にアタックしたわけではなく、しかもチャンスがせっかく到来したにもかかわらず、魔法使いの言いつけを守って途中で城から帰ってしまう。さらには、いなくなったシンデレラを、王子が国中を鳴り物入りで捜しているというのに、「それは私です」と名乗り出ることもせず、自分の目の前にガラスの靴が差し出されるまでただ待っている。

つまりシンデレラの物語とは、女の子は自分で幸福をつかみ取る努力など一切しなくとも、人の言いつけをきいて「すなおに」さえしていれば（そしてキレイでさえあれば）、誰かが、つまりは白馬に乗った王子様が幸せをもたらしてくれる、という物語なのだ。こうしたストーリーパターンは、シンデレラ物語だけでなく、女の子向けの童話には共通する構造だ。男の子向けのおとぎ話が、たとえば鬼ヶ島に鬼征伐に出かけて財宝を手にする桃太郎のように、自分で何らかのアクションを起こし苦難を乗り越えて成功する物語であるのとは対照的だ。

このシンデレラ物語に典型的に表れているような、他者に自分の人生の幸福や方向をゆだねようとする傾向が女性にはありがちなことをダウリングは指摘し、このような心理傾向をシンデレラ・コンプレックスと呼んだのだ。このために、女性は何かチャンスがやってきても、自分の手で、自らの努力でつかみ取ることを恐れる「成功不安」を抱きがちであると彼女は述べている。

このようにジェンダーの規範は、外形的に私たちを縛るものでもあると同時に、内面の深くに影響をするものでもある。ジェンダーに注目することは、タテマエの上での平等が達成されていても、こうした内面の縛りはなくならないこと、それがタテマエを凌駕して現実の変化を押しとどめることを発見し、それに挑戦することでもある。

メンズ・リブ

フェミニズムと女性学は、「女らしさ」の神話を疑い、社会の制度や慣習、知の在り方や学のシステムをジェンダーコンシャスに再点検してきたわけだが、そのような試みは、当然の成りゆきとして、男性にかけられた抑圧、縛りにも気づくことになった。先に述べたように、「責任感」「たくましさ」が個性とは関係なく一様に期待される現状は、男性一人ひとりの自由な生き方の可能性を奪っているという意味では、能力や意思に関係なく女性が女性であるという理由だけで社会的活躍のチャンスを与えられないのと同様に男性を抑圧している。男性中心に構造化された社会の中で、男性は女性よりいろいろな場面で優位に立ちがちだが、しかし、だからといって個々の男性がそれによってつねに「トク」をしているというわけではない。むしろ、男性も、「男性らしさ」の縛りの中で生かされているという意味においては、女性と同様なのだ。この点から、男性解放運動すなわちメンズ・リブの動きも出てきている。

まして、現代のように男女の平等が理念とされ、女性の社会進出がすすんでいる状況では、男性はある意味では二重の不利益に立たされつつあるとも言える。一つは、男性には男女の平等はある意味では既得権益の喪失と映りやすいということ。というのは、職場にしろ、進学にしろ、これまでの「男の世界」に女性が入ってくるということは、張り合い争うべきライバルが二倍になることだ。ましてや、家庭のみならず職場でも、男性のための補佐者、陰で支えてくれる役割をしていた「召使い」を失うのだから、男性にとっては変化を受け入れるのは容易ではないのも不思議はない。

第二に、現代では、ジェンダーの規範はある意味では男性には相変わらず不寛容で、女性により寛容になりつつある面もみられる。たとえば、大学生の就職問題を考えてみよう。就職活動の時期は、それまで女性差別問題など考えたこともなかった多くの女子学生が、はじめて社会に厳然と存在する女性差別に気づく時期だ。先に述べたように、家庭にも学校にも、女性差別はひそんでいるのだが、家庭や学校では女の子ということでむしろ一見大事にされ、あからさまな不利益をこうむる経験はさほどない。ところがいざ就職となると、女性だからという理由で排除され、あからさまに同級生の男子学生とは違う扱いを受けて、女子学生たちはショックを受けるのだ。

この意味では、職業の領域でのジェンダーの規範はあいかわらず女性に厳しいわけだが、しかし、その反面、卒業後安定した就職をし、サラリーマン生活に邁進しなければ「落伍者」の烙印を押されかねない男子学生たちにくらべて、女性たちには、人生の選択肢が広がっている。キャリアウーマンの道をめざし、男性と伍して企業社会に入るもよし（もちろんそれは簡単ではないのだが）、「腰かけ」に甘んじつつ若い時代を旅行や趣味に打ち込むこともできるし、親の経済状態がゆるすならば「家事手伝い」と称して、優雅な高等遊民時代を楽しむことすらできる。

八〇年代後半以降、OLたちの海外留学が急激に増加したが、この現象は、現在の日本の企業社会には女性の居場所がなかなかないという現状と、女性たちは自由に自分の可能性を試すチャンスを持っているということの両面を示している。それに比べて男性は、将来の安定的な職、つまりは妻子を養えるだけの経済的力をつけるために、小学生の頃から叱咤され、人生において若いうちの冒険もゆるされず、レールの上をひた走らねばならないとは、かなり悲惨なことではなかろうか。

こうした二重の不利益のために、男性たちが、いまの女はわがまますぎる、と反発するのもある意味では理解できなくもない。しかし、男女平等の趨勢と個人の自由の実現を求める方向に歯止めをかけるのは難しいし、またかけることはできないだろう。

とすると、男性たちはこれまでのシステムに固執し女性の足を引っ張るよりも、自身の自由のためにこそ、社会を変えていくことをめざすほうが得策だ。男性だからといって、家族に対する経済的責任を一方的に担わねばならないという理由はなく、妻に責任を共有することを要求してしかるべきだ。そして、男性も会社人間を脱して、もっと家庭や地域での生活を楽しむ権利があるはずだ。だからこそ、それが可能になるような社会のシステム作りに男性たちも参入する必要があるのだ。

ジェンダーから現代社会を考える意味

ジェンダーの視点は、現代社会を語るときにきわめて大きな重要性を持っている。男女平等に社会参画、家庭参加し、責任を分担しあう男女共同参画社会の実現は、いまやグローバル・スタンダードだ。実際、一九七九年に国連総会で採択された女性差別撤廃条約は、「男女の固定的な性役割意識」を乗り越えて、家庭領域においても男女共同の参加を行うことなど、きわめて画期的な内容を含んでおり、日本もこの条約を実現する義務を負っている（文頭にふれた男女共同参画基本法はその一環である）。それは、「条約だから守らなくてはならない」という消極的な意味ではなく、そのことを通じて、男女とも、より人間としての尊厳を持ち、自由な生き方をめざすためなのだ。高齢化社会、低成長社会を迎えて、社会構造全体のドラスティックな変化が模索されている現在、その必要性はますます大きい。（参照：牟田和恵「新たな社会システムをめざして」満田久義・青木康容編著『社会学への誘い』一三四―一四〇頁、朝日新聞社、一九九九年）

このように社会学出身である牟田和恵さんは、根本的な教育として、ひとびとの内面にひそむジェンダーを解消させることがなによりも大事だと語っている。これによって、ひとびとの内面を問題にするジェンダー文化論という講義のもつ意味もはっきりしたことと思う。

結局、ジェンダー学とは、人類が長い間につくってきたあらゆる性差別の仕組みを知り、それがいかに男女を束縛しているかを見えるようにし、それをどうすれば変えることができるかについての様々な思想や方法を教える学である。以上に述べただけでもジェンダー学は、ほとんどの学問の領域にまたがっていることがわかるであろう。

この本は、私が担当している「ジェンダー文化論」の授業の実践記録である。これは、文化におけるジェンダー（性差）の構築がどのように行われてきたか、どのようにしてその呪縛から解放されるかということを目的にした授業であり、それが女子大生に向けたものであるから、ひとりひとりの若い女性の「心」の奥底に語りかけながら、その意識を変えてゆくためのジェンダー学なのである。

第二章　プリンセス・ストーリーとジェンダー

それではまず、なぜ私がジェンダーの講義にプリンセス・ストーリーを選んだかを説明しなければならない。牟田さんが書いているように、このテーマは決して新しいものではなく、むしろずいぶん早くから出ている普遍的なテーマである。その理由を語ってみよう。

1 プリンセス——世界の女の子の「かなわぬ夢」

女の子であるなら、だれがプリンセスに憧れなかっただろう？　この私だって子どもの頃から「白雪姫」「人魚姫」「シンデレラ」の童話に胸をときめかせたものだ。映画では「シンデレラ」を翻案した「歌ふ狸御殿」という邦画があった（私が生まれたのは昭和一〇年だからこんな古い映画を知っているが、若いひとは絶対知らないだろう）。ジャン・コクトーの「美女と野獣」には圧倒的に感動した。

そんなわけで、一二歳くらいまで私の想像の世界には王女様と王子様しか存在しなかった。しかし、一二歳のときに私はなにかのきっかけで、「現実」に気付いたのだった。自分は王女ではないし、王子も存在しない。私には子どものころからもう一つの夢があって、それは偉大な画家になることだった。一二歳のときに、私はこっちのほうが実現の可能性があると思い、そのほうに向かったのだった。

世界でどれほどの女の子が、自分がプリンセスに生まれなかったことを口惜しく思っただろう？　自分がプリンセスではないとわかったときに、どうやってその心の空白をうめようとしただろうか。たったひとつ可能な方法は王子様をみつけて結婚することなのだ。でも、自分が王子様とは結婚できないとさとったとき、いったいどうしたらいいだろう？あるいは王子様などはいないとさとったとき、どうするのだろう？

女の子の一生は、このような段階ですすむ憧れと夢想と幻滅の歴史である。「子どものころはみな不可能な夢をみるものさ。大人になれば自分がプリンセスではないし、自分の相手も王子様ではないことが納得できる。それが成長ということさ」と、わけしりの大人は優越感をもってそういう。自分がもう幻滅してしまったのが、まるでよかったことのように。

しかし、私は、幻滅が人生だということは、一部にはあてはまるかもしれないが、人生がそれでいいというのは反対である。やはりいい人生とは希望の実現である。全部ではなくても、また思っていたようなかたちではなくても、やはりいい人生とは、自分が夢見たことが実現された人生ではないだろうか。むろん、夢がかわることはあるし、実際いろいろなことがあって、実現は困難であり、困難であるがゆえにすばらしい事業である。でもお伽話のなかでは、困難を自力で克服して幸福を実現するのは男である王子様の仕事であり、お姫様のやることではない。彼女は待っていたり眠っていたりして、王子様に「幸福にしてもらう」のである。もし王子様がこなかったり、王子様に「愛されない」場合には彼女の人生は失敗である。そんなことがあっていいものだろうか？　そんなふうに他人に幸福にしてもらうことを教え込まれた女の子が、これからの世界に生きて、社会に貢献していくことができるだろうか？　女の子もまた自分で困難とたたかい、自分の夢を実現するために努力し、自分と他人を幸福にするために努力するのがほんとうではないだろうか？

子どもの頃に映画俳優を夢見た子が映画雑誌の編集者になったり、この私のように画家を夢みて美術史家になったりしているのは、やはりある種の自己実現である。でも、もし私が、プリンセスになってプリンスと結婚して豪華なくらしをしたいとずっと夢見ていたら、その夢は絶対実現できなかったことはたしかである。もしそういう女の子だったら、私の人生は苦いものになっただろう。誓っていうが、プリンセスになって王子と結婚しようと思った女の子の人生は、あらかじめ幻滅にむけて用意されているのだ。そんなことがあっていいものだろうか？　幻滅するにきまっている夢を大人が少女に与えつづけているとしたら、それは大きな文化的詐欺ではないだろうか？

絵本が、童話が、アニメが、そしてデパートの売り場やホテルまでもが、小さい女の子に「プリンセス」の夢を売りつづけ、「プリンセス・ファッション」を売り、「一日プリンセス教室」を開き、プリンセス文房具を売っている。デパートはピンクの夢を女の子に売って利益をあげればいいが、夢を買った子はいつか幻滅するのである。大人は「どうせそんな夢は実現しっこないさ」と知っていて売るのだが、女の子はけっして実現されない夢を買わされているのである。

大人は、もっと実現のできる、せめて自分が努力すれば実現できる夢を女の子に与えなければいけないのではないだろうか？　男の子は、乗り物やロボットや宇宙船や異星人の玩具を買ってもらうが、これはみな、彼が将来大人になれば乗りこなしたり、造ったり、利用したり、研究したりできるものである。その上、これらのものは機械文明や技術にかかわるもの、つまり「つかうもの」であって、その子の生き方や心や体にかかわることではない。

ところがプリンセスは女の子自身の生き方、体、心に入り込んでしまうものなのだ。きれいになる。かわいくなる。素敵なドレスを着る。髪の毛を長くさらさらにする。くるくる巻くのもよい。ピンクは絶対だ。おめめをぱちぱちするのは効果的だ。でも自己主張は嫌われる。それはみな彼女が愛されるため、そして結婚とお金と地位を手に入れるため、つまりは幸福とは結婚とお金であり、そしてその幸福を手に入れるのは、彼女自身の身体の手入れによっているのだということを、それは彼女に教えるのである。しかし、どんなに彼女が努力したところで、その夢は絶対に実現しない。手に入るのはせいぜいその夢のかけらである。

2　他力本願の人生プラン

なぜプリンセスになって王子様と結婚することが絶対できないか？　その理由は三つある。第一、プリンセスは努力や才能でなるものではなく、それに生まれてこなくてはならない。自分の意志ではどうにもならないことだ。第二、プリンセスとは封建制かまたは絶対君主国家か、立憲王制の国家にしかいないから、そうそこらにごろごろころがっているものではないし、王子もまったく同様で世界にも数えるほどしかいない。だから可能性は非常に低くゼロに近い。第三に、王子様に愛されるには美貌でなければならないと相場がきまっている。そして美貌もまた生まれついているものであって、努力すれば相当によくなるが、それでも美人になれる人は非常に限られている。それでもどうしても美人になりたいと彼女はありとあらゆる努力をする。全精力を傾けて自分をすこしでも美人に近付けようとしてひっきりなしに鏡に向かい、いちばん熱心な画家のように塗りたくる。唯一の積極的な運命への挑戦は化粧にあるのだ。そのことが誇張でも冗談でもないことは、十代の女の子までもが電車のなかで必死に顔や眼のまわりを塗りたくっているのをみればわかる。最近洗脳ということが非難されるが、日本の若い女性が、自分の外見にすべてを賭ける生き方は、みごとな洗脳の成果である。一度塗ってしまうと、もうどんどん塗るしかない。そうしているうちに、鏡のなかの自分はすこし美人に見えてくる。でも、タレントやモデルをみると体のスタイルがぜんぜんだめだから、今度は痩せようとする。自分の価値も、自分の存在理由も、体や顔の外見にしかおくことができない。なんとかわいそうな女性たちだろう!

最初から頭がよくて東大やケンブリッジ大に入れそうな女の子や、両親が地位が高く、金持ちや土地持ちで将来が保証されている特権的な女の子は、そんな努力をしない。化粧やダイエットに命をかける子は「普通の」女の子なのだ。そしてこの「普通の」女の子が大部分だし、それが将来この国を支える女性たちなのだ。

だれが「外見こそすべて」と彼女たちに教えたのだろう。校長先生や母親は、「外見ではない、心です」と彼女らに教える。でもみんなそれが嘘だということを知っている。彼女は人生の始めのころに、もうプリンセスの話を聞いたり、見たりして、幸福と人生の目的を王子様に愛されることにきめてしまったのだ。そしてそのお話はこう言っている。「王子様はお姫様の美しさにひとめでむちゅうになり結婚をしたいと思いました」。

しかし、プリンセスに生まれることは自分の力でできることではない。王子に出会うのも自分の力でできることではない。美人に生まれることも自分の力でできることではない。だいたい王子様に「愛される」ことじたい、絶対に自分でできることではない。「愛する」のは王子様であって、彼女は「愛される」のだから、自分でできることでは最初からないのだ。このように女の子の人生の最大の事業はぜんぶ、自分で決めて自分でやれることではない。ぜんぶ運命や出会いや幸運やチャンスにかかっているのだ。そこで、女の子の童話には、「妖精」や「魔女」など運命や幸運を司る超能力のおばさんたちが登場しなければならないのである。女の子が占いや魔女が好きなのも、自分の人生が運命によって左右されることを知っているからなのだ。

いっぽう王子のほうはともかくも、自分で障害を切り開いて自分の幸福を獲得しにゆく。女の子は綺麗に髪をカールして「眠って」いるのである。白雪姫のように、眠り姫のように。めざめていても、「眠って」いる。なぜなら彼女は頭脳においても、意識においてもなにもしていないのだから。美しくなること以外に何かすることがあるだろうか？　それが最高の幸福をくれると「知って」いるのに、くだらない努力をして汚くなってしまったら、こんなばかなことはない。なにもしないのが一番いい。愛してくれる男がきてくれるまで。プリンセス童話は女の子に他力本願で受動的な人生を教える最高の教師である。

3　年をとったプリンセス――結婚式で人生はおわらない

お姫様物語にはもうひとつのトリックがある。お話が結婚式でぷつんとおわってしまうことである。まるで人生の最高目標が結婚式の瞬間にあるかのようだ。

しかし、お話はこれでおわるが、人生はそれではおわらない。結婚はながい日常であり、妊娠も出産も育児も家事もある。夫や子ども、舅や姑もいる。万事がばら色ではないことはあきらかで、結婚と家庭は女性にとって唯一最高の幸福だとお伽話は宣伝しているが、実際には結婚と家庭が女性にとって最大の不幸であることも稀ではない。どころか、多くの場合、そうである。それなのに若い女の子に、結婚や家庭が唯一の幸福であるということだけを教えて、それがまた不幸の原因でもありうることを教えないのはどうみてもフェアではない。それにまた、どうしたら幸福を自分でつくれるかを教えないのも無責任である。

さらに、結婚式の瞬間にはプリンセスは若く美しい。若く美しいから幸福をゲットしたのである。でも、人間は年をとり、年とともに老いるものであり、必然的に肉体的な美しさは減少する。実際には若くもなく、美しくもない時間のほうが人生でははるかに長い。

若さと美しさによって幸福をかちとった女性は、若さと美しさを失ったときに、自分の価値も失われたと思う。若さと美しさが女性の価値を決定している社会では、女性たちは白雪姫の継母である魔女のように、「鏡よ鏡、教えておくれ、この世でいちばん美しいのは誰？」と聞く。あるときまでは鏡は「お妃様、この世でいちばん美しいのはあなたです」と答えていたのに、あるとき「いちばん美しいのはあなたではなく若い白雪姫です」と答える。そこでお妃は呪いの声をあげて若い娘を殺そうとするのである。

『白雪姫コンプレックス』という本を書いたエリッサ・メラメドというアメリカの心理療法の学者は、女性の人生を二つにわけて、若く美しい前の半分を月の表側に、老いてみにくいあとの半分を月の裏側にたとえている（エリッサ・メラメド、片岡しのぶ訳『白雪姫コンプレックス』晶文社、一九八六年、一〇頁）。

「女の人生のあとの半分は、月の裏側のようなものではないでしょうか？　世間から、というのはこの場合男中心の社会という意味ですが、世間からそむけた顔、これが月の裏側です。女の後半生は、まず暗くてつらいものです。とくに若いころさんさんと日光がふりそそぐ道を歩いた女たちにとっては」。

そうしてエリッサは、若い頃美容院で六〇歳くらいの女性が厚化粧をしているのを見た男の美容師が、「ゲッ、バアサン、二度とここへこないでもらいたいもんだ」という顔をしたのを見て、なんとみっともない女だろう、「こんなこと（老いること）は私にはおこりっこないわ」と思ったことを四〇歳になってから思い返し、いま自分が月の裏側に入ってしまったことを感じる。

「そうです、私は若かったのです。私にとって人生はまだ童話でした。そこでは若い女と年とった女は完全にべつの役を演じていました。私の役割ですか？　もちろん、白雪姫でしたとも！」。

けれどもエリッサは四〇歳を過ぎたころ、こう叫ぶ。「騙されていたんだわ！　なんとバカだったんだろう！」「白雪姫のはずだった私は、いつのまにか『継母』になっていた。四〇年ものあいだ見続けた幻影からやっと今醒めた。若い頃の私は若くて綺麗な自分と本当の自分をごっちゃにしていたのです。眠れる森の美女のように、一五くらいで私は眠りに陥ってしまったものと思います。自分はこれまで男性を喜ばせ注目を浴びようとばかり望み、そのことに努力してきたのだ。でもいま『舞台を去る』つらさを味わっている……これこそ『継母症候群』の正体です。

ではあの若くてチャーミングな女がほんとうの私でなかったのなら、私とはいったいなんだろう？　本当の自分をみつけるにはどうすればいいのだろう？」。

そう思ったエリッサは、職業を生かしてさっそく四〇歳以上の女の人を集めて集会をつくり、意識調査をはじめる。会場を提供してくれたのは教会で、最初の会合のとき、教会の礼拝堂から折しも「ウエディング・マーチ」が流れてきた。「一同は顔を見合わせてしまいました。笑い出すものもいれば涙ぐむ者もいました。……夫婦仲の悪い者、良い者、離婚した者、ひとしなみに『ウエディング・マーチ』が予想したようなバラ色の幸せへの序奏曲ではなかったことを悟った女ばかり……」。

このあとエリッサは、アメリカだけではなく、アイルランド、フランスなど世界各地で聴き取り調査をして、世界中で女性たちが「年をとること」について悩んでいるという調査結果を出した。若さと美しさだけを価値として教えられた女性たち。その後半の人生にはまったく責任をもたないこの刷り込みが、人類の膨大な人口を不幸に陥れているとエリッサは警告する。そして女性の生き方にあたらしい価値を与えようと提案するのである。

若く美しい女に価値を置き、年をとった女性を差別し、蔑視するという心の傾向は、プリンセス童話のなかに、若いお姫様といじわるで年老いた魔女の対立というすがたであらわれている。若い女性は自分を白雪姫の側においているが、実は、その後半生では魔女の側に入る。その変化は、エリッサが書いているように、男性の視線のなかで起こるのである。「かわい子ちゃん」から「バアサン」へと地獄の転換をやってのけるのは、この社会の価値基準を決定している男性がすることであって、本文のなかで学生が書いているように、魔女の鏡とは「男性の目」なのである。そこで女性は、鏡がもうあなたは若くないと答えたときに、はじめて、ほんとうの自分とはなんだったのかと、男性ならば二〇歳で考えるようなことをはじめて考える。

最初からほんとうの自分とはなにか、自分の人生はどう生きるべきか、人生の価値とはなにか、そういうことをきちんと考えておかなければならないのは、男性も女性も同じである。最初から自分は生きて老齢に至るということを考えて人生を設計するのが賢明なことである。男性にはそういうことを教えるのだから、女性にもそれを教えなければならない。性的魅力を失ったり、生殖機能を失った女性を「廃品」化するような男性の社会をかえなければならない。性的価値だけが人間の価値ではないのは、男も女も同じである。

しかし、なによりも若い女性に、自分の長い人生のほんとうの使い方を考えてもらうことが大切だ。人類の半分の、後半の人生をふみつけにし、不幸にしながら存在している社会など、どうみても立派な社会とは思われない。それは肉体の性的な価値を基準にした社会であり、動物のオスの社会である。平等な尊厳をもつ進歩した人間の社会とは到底思われない。それにそのことは社会にとって大きな損失である。

私は、私の愛している女子学生たちのすべての人生が幸福であってほしい。あとになって、若い昔はよかった、騙されていた、などと歎かせたくはないのである。彼女の価値は一生変わらずそのひとの努力によって築かれるものであって、肉体的条件によって上下するものではないことを教えたい。そうでなければ人間は必ず老いるものだから、生きていくということ自体が劣化していくことになってしまう。そんなことで女性の人生に希望があるだろうか?

この文章を書いているとき週刊誌「AERA」(二〇〇二年一二月三〇日号、三八―四一頁)では、「四十をすぎてモテ度がさがった女性たち」「いつまで女なのかしら?」の焦りについて特集記事をやった。そのなかで女性記者は、「女は一度死ぬ。二度めにどう復活するかが問題だ」と書いている。この「女は一度死ぬ」というのは、セックスアッピールがなくなった、つまり「対象外」(この記事のなかのことば)に転落したということを意味している。この記事では、四〇に近くなったキャリア女性達が、いっせいに焦っているようにまとめてある。自分の性的魅力で人生を謳歌していた女性たちは、それが衰退したことで、焦るかもしれない。しかし、一連の筋だった生き方によって貫かれている人生を送っている多くの女性がいる。そのような女性のことは記事にならないので、週刊誌は特集しない。このような記事を読んで共感する女性はいるだろうが、そこにはなにも積極的な提言はなく、おなじ悩みを共有する営めあいの構図があるだけだ。

いちばん喜んで読むのが男性であることはあきらかである。彼らはセックスアッピールがあって、仕事もばりばりやるキャリアウーマンに一時期圧倒されているが、このような記事によって、女には「賞味期限」(この記事のことばである)があるので、その生命は長くないと知って安心するだろう。そして会社にはやはり「若い子」がいちばんだと確認する。はなやかにみえるが所詮は女だと安堵するだろう。女性の「存在理由」は男性の「性的対象」であることだ、という固定観念を再確認させるための、驚嘆すべきジェンダーに貫かれたこのような記事が、いまだに朝日新聞社という会社から出ていることは注目すべきである。

「二〇〇〇年女性会議」では、メディアの制作者にジェンダーの研修を行うための政府予算を提案しているが、それは必要なことである。しかしそれは、女性が主体になって「男性の賞味期限」という記事を書くことではない。男性の存在理由が女性からみられた性的魅力にのみある、としたら、どれだけ多くの男性が概嘆し、憤慨することだろう。だいじなことは、異なった性がたがいに相手を自分のごとく考え、双方の言い分を「響かせあう」ことである。単旋律ではなく、さまざまな声が「対位法的に」(サイード)響きあい、調和を生み出すことが二十一世紀のありかたである。

4 シンデレラ・コンプレックスの衝撃

『白雪姫コンプレックス』を書いた心理学者のエリッサ・メラメドさんは、子どもの時から青い目をしたとびきりのかわい子ちゃんで、父親のアイドルだった。長じては男のひとたちに大いにもてた美人だった（著書には女優のような大きな目をした、しかも皺だらけの顔がのっている。このひとが若かったときはエリザベス・テイラーのようだったことは想像にかたくない）。彼女はいつも自分の容姿を意識し、患者の前でさえ、自分の魅力的な身ぶりを意識してきたとふりかえっている。こういう本には書いたひとの誠実さ、正直さがいちばん訴える力がある。最初から冷静で賢明な女性には、普通の、そして大多数の女性のことを語ることはできない。

読者には興味がないかもしれないが、やはり自分のことを書いておく必要があるような気がする。私は親の因果がたたって美人には生まれず、不美人のカテゴリーに入る。それでも若い頃にはけっこうチャーミングだったし、学んだ大学が男性が多かった東京芸術大学なので、二〇歳台にはかなり男性にもてた。芸大の学園祭の夜に、野外の喫茶店で、例によって大勢の男子学生にとりまかれて騒いでいるとき、卒業論文をどうするかという話題が出た。そのとき、あとで結構立派な学者になったある男性が私にこう言った。「きみみたいに男性にもてる女の子が、いったいなんだって卒業論文を書く必要があるんだ？」。

そのとき、芸大の大きな樫の木が暗い空にざわめいて、私は遊び騒いだ青春の糸がそこでふと途切れた気がし、その先輩のことばが「悪魔のささやき」であると直観した。女は男をゲットすれば食べていける、しかし男性は自分でキャリアを作る必要がある、男をゲットできる女は学問にいそしむ必要はない。こうやって彼はあらかじめライヴァルになりそうな女子学生を賢明にも排除しにかかったのかも知れない。彼によれば女が学者になる「必要」はないのだ。芸術大学の教授のポストは男性によってあらかじめ予約されているというわけだ。

同じメッセージが年頃の女性に、あるいは母親から、あるいは両親から、あるいは家族や教師から送られる。そのなかで女性は次第に、自分で人生を生きる努力をする「必要がない」ことを否応なく学ぶ。私の両親は、私が私自身の希望を実現するように全力で協力していたし、望んでもいたので、このとき言われた先輩の男性の一言が、私には「強力な悪魔のささやき」だとわかったのである。この声に耳を傾けてはならない。それは楽な道へ私を誘惑していた。私は「誰か」を選んで結婚すれば、何も苦しい努力をしなくても生きてゆけるだろう。しかし、それがほんとうの自分になる道ではないことだけは全身で知っていた。そのころはまだ一九五〇年代で、ジェンダーの思想もことばも存在していなかったが。

これははっきりいって恥ずかしい告白である。もっと立派な女性がいっぱいいる。しかし私は立派ではないし、事実、二二歳のときには、背が高くて王子様のような建築科の学生に熱をあげて、これこそ自分の王子様だと思ったりした。だから、私のような立派でない人間のほうが、普通なのである。迷ったことのない人間は、私にはとうていついていけない。だいたい女の問題はみな似ている、女性がいまのままの状態でおかれているかぎり、女性に真のエリートなどいるはずがないし、いたらそれこそ怪物である。怪物に普通の女の子の気持ちが理解できるわけがない。女がかかえている問題は、教師も学生もみな同じだ、そういう目線で教育しなければ効果はあがらない。上からみくだす特権的な教師は男性だけでいい。もっともそうでない男性もいるが。ジェンダー教育はそうであってはならない。

『白雪姫コンプレックス』が出たのは一九八六年のことであるが、その前にアメリカのジャーナリスト、コレット・ダウリングが『シンデレラ・コンプレックス――自立にとまどう女の告白』を出して世界的に有名になった（コレット・ダウリング、木村治美訳『シンデレラ・コンプレックス――自立にとまどう女の告白』三笠書房、一九八二年)。

この本が、牟田和恵さんが書いていた、お姫様ストーリーの意味するものはなにか、世界で愛されているこのお話が、どのように女性の生き方に影響しているかについて、ひとびとの目を開く端緒になった。

つまりこのストーリーは、美貌と従順さがあれば、王子が来てくれて、幸福な結婚ができるという女性の生き方を教えるものだが、このようにして、男子が幼時から自立への教育を受けるのに反して、女子はかわいらしく弱いこと、だれかに守ってもらうことを教育される(家庭における男子と女子の教育の差異については、ナンシー・チョドロウの『母親業の再生産』(ナンシー・チョドロウ、大塚光子・大内菅子訳『母親業の再生産――性差別の心理・社会的基盤』新曜社、一九八一年)もたいへん参考になる。筆者はこの本を「母性の歴史」という講義のなかで使用したが、女子学生はいろいろ感じることがあったようだ)。

このようにして育った女子は、成長しても幼児性に固着する。「かわいい、保護が必要、かよわい、かわいそう」と思われることが彼女の生き方になる。女性は幼児性を一生引きずり、自分を幼児のようにかわいい状態におくか、または幼児と家庭に執着する。世の中に乗り出して仕事をすることは女らしさを失うこと、男性化とみなされる。学校、職場、仕事、生活手段を得ること、契約を結ぶこと、金銭を得ることは苦しい。男子はそれを一生自分でやることを覚悟させられるが、女性はそれがいつか結婚によって解消し、人生のたたかいから救い出されることを夢見る。幼時から聞いたお姫様童話によって無意識に刷り込まれた他者への依存、無力であることの自覚を生涯ひきずるのである。他者によって守られていたいという心理的依存状態——これがシンデレラ・コンプレックスだと著者は定義する。

これは著者の個人的体験に裏付けられている。彼女は職業女性から家庭の妻へ、つまり、自立して仕事をしていた状態から、他人を助けるお手伝い・従属者へと転落する。それはまた、扶養する人と扶養される人という関係でもある。「従属することは、真の存在であることの緊張から逃れる道である」とボーヴォワールも言っている。しかし、家事は夫に評価されない。「苦労して養ってやっているのは自分、きみはいい身分だ」と夫は言う。こうして彼女は自尊心がなくなり、自信を喪失し、憂鬱になり、自分の人生は無意味だと思う。これが、社会と両親がおしつける「女は無力」という奥深い刷り込みである。

そこで彼女は自分の受けてきた教育について考え、女性は能力を発揮しないようにプログラムされるために、心理的な自立が欠如してしまうのではないかと思う。女の子はままごとから女役割、つまり他人へのサービスを学ぶ。そして、その結果、権威に反抗しない、独自の信念を持たない、自治の権利のためにたたかわない、精神的依存状態を維持する人間になる。

「主導権を握ったり、自分に対して責任をとったり、他人にたよらず自分で問題を解決したりすることは親に奨励されない。男子はこれを奨励される。このことが決定的なちがいを産む」と心理学者マッコビーは言う。たしかに、女子には他人への依存度をたかめる教育がなされる。

「女性は低い自己評価が得意だ。自信がなく、暗示にかかりやすい。反対にあうと自分の判断を変える。困難から逃げる。目標の設定が低い」。

「女児は自立心を育てられることがなく、両親の保護は厚く、母親から独立する圧力を感じない。独立を促す母子の衝突もなく、自分の置かれた環境から出る探険心もない。結果として環境適応能力が低く、大人に頼りつづけ、大人との愛情のつながりを必要とする」。

また著者は、女の精神病はあらゆることを「禁止」された結果であると指摘する。彼女は精神科医ルース・モールトンのつぎのことばを引用している。

「女性患者の大半の問題は、子どものころに自己主張を禁じられ、淑女らしくないとしてあらゆることを禁じられたためである」。このようにして習得した無力感が生きる意志を奪ってしまう。

また、スタンフォード大学心理学教授キャロル・ジャックリンのつぎのことばを引用する。「中学の教師が女子を無力化する。彼らは女性に期待しない。したがって叱らない」。

5 「公的領域」と「私的領域」というジェンダー

先生が女子を叱らないという、このくだりは私をはっとさせる。というのは、一般に女子大には私語が多いが、先生はこれを叱らないからだ。実は女子大生にかぎったことではなく、一般に大学の劣化が叫ばれるなかで、もっとも問題にされるのは講義中の「私語」である。とりわけ女子大生に多いといわれているが、彼女らは中学、高校から、私語をしても先生に叱られなかったのかもしれない。私が学生に聞いたかぎりでは、多くの場合、教師は彼女等を叱らないのである。それはある種の教育放棄である。立派にしようと思えば叱るはずだ。抑圧的な怒鳴りはよくないが、真剣に怒るなら、学生は自分が真剣に相手にされていることを知るだろう。

私の大学には私語は少ない。しかし、ないわけではない。私のクラスでも二度ばかり数人が私語をしたことがある。怒ることは簡単だが、その原因については深刻に考えてみる必要がある。私の考えでは、女性の私語は、私語という名が示すとおり、大学の講義という「公的な領域」に自分が身をおいているという自覚がないために起こるのだと思う。女子学生たちは、家庭や気のあう友人という親密な私的領域で生きており、その領域をたえずひきずって行動している。学校が公的な領域であって、そこでは公的な人格として自分を切り替えなければならないというトレーニングをどこでも受けたことがない。女性を私的な領域に閉じ込めておいた長いあいだの習慣が裏目になって出てきている。

公的な領域で生きる人格には、いくつかの条件が必要である。第一、その公的な領域を形成している集団の全体を考え、そのなかの一メンバーであることを自覚すること。つまりそこでは自分がなんら特権的な存在ではなく、全体のなかのひとりであることを認識することである。第二、それにもかかわらず自分は独自な存在であり、全体にまぎれこんで自分を失ってはならない尊厳をもっていることを自覚すること。第三、全体のことに責任をもつと同時に、自己の意見をたえず全体に発信し、全体と個の関係を調和をもって関係させること。

これは民主主義的な市民社会のモラルであって、欧米では幼時少年時の教育はもっぱらそのモラルを教える。「全体に責任をもつ」ということは、クラスがうまく機能しているか、講義がうまくいっているかを考えることだが、それがやがては企業の全体に責任をもち、みずからの仕事を責任をもって遂行するという心性に成長し、国家のことを心配し、国民の未来について考えるという市民の行動につながっていく。

しかし、女性が公的な社会、たとえば企業では周縁のどうでもいい場所におかれ、中心の、意思決定にまったく参加していない場所にながく追放されていたならば、彼女らは企業が倒産しようが不振だろうが、そんなことには関心がなくなってしまうだろう。家庭でも黙っていろ、男の仕事に口を出すなといわれれば、家族の未来には自分は関係がないと思うだろう。学校で、真剣な教育の対象にされていない時間がながければ、自分は全体とはなんの関係もない、自分は全体の周縁だからなにをしてもいいのだと思ってしまうだろう。こうした家父長制社会の「女性＝私的世界」「男性＝公的世界」という固定的な分割がまわりまわって、「まわりのことなんかどうでもいい」という、「私的世界の自己肥大」という「自己中心主義」となり、それが教室での「私語」になる。

だから、私は私語をした学生にむかって、私は「貴女にむかって」話をしているのだから聞いてほしいと言う。「貴女にむかって」ということは、私にとって彼女が非常に大事だ、ということだ。「私の話がつまらなくて聞きたくないとしても、あなた以外のひとは聞いているのだから、せめてその邪魔をしないように、全体のために我慢をしていてください」「ここは私的な場所ではなく、公的な場所なのです」「公的と私的とを切り替える訓練をすることが大学生の第一歩です」。

だからクラスで発表をするときも、そのプレゼンテーションには注文がある。女性たちは多くの場合、私的スピーキングでしか発声しない。小さく、弱く、携帯電話で話すような声音である。大きい声が出ない。ささやくような声が、たぶん「女らしい」とされてきたからだろう。私的にはそれも個性だが、公的空間である教室ではそうはいかない。市民的空間でも同様である。企業でのプレゼンテーションでも同様である。「公的な場所では私語ではなく公語——明晰で理論的なはっきりとした大きい声で——話してください」。しかし最初はそれが非常にむずかしい。つまり、多くの女性は私的言語では雄弁だが、公的言語では沈黙するということである。これからの女性はそうであってほしくない。

千葉大学でも、学会発表の前にする最大のトレーニングは「公的な発話」だった。ながいあいだの経験から、女性は二〇歳になるまでに「公的な発声」そのものを奪われていることがわかった。大きい声で明晰に話すことが、「女らしくない」とされてきた結果である。公的な場での発話を禁じられた女性にとっての自己主張、または自己解放は私語にある。私語をくりかえす学生は、無視されてきた過去をもっている。自分がこの集団のなかの重要なだいじなメンバーであると自覚していたなら、けっして私語はしないであろう。あるいは、教師の講義がつまらないかもしれない。公的なことに責任をもっているならば、そのことを教師に伝えて、講義を改善してくれるように発言すればいい。もし自分にとってつまらなくても、自分以外の仲間が聞いているのならば、忍耐して九〇分を過ごすことをモラルだと思うだろう。自己主張と他者への思慮とは、ペアになって公的人格をつくる。

6　母と娘

ダウリングは、心理学の知識を援用して、家庭のなかでの娘と父母の関係について考える。「父親は娘が自分を越えることを禁止する。娘が自分の望む道を行くことにたいていの父親は反対する」。いっぽう、「母親は娘の自立に嫉妬する。しぼんでしまった自分の人生への嘆きから、娘への羨望を感じ、娘を自分と同じ人生へと縮小しようとする」「母親は娘が自由になり、個人として自立することを恐れ、自分の劣等性がさらけ出され、自分が娘に無視されるのではないかと恐れ、自分の限られた生き方を正当化したがっている」。

こうして女性は、「安全地帯」としての家庭に入る。「多くの妻は家庭を安全地帯と考え、夫を選ぶときに、自分を守る王子様、彼女らが責任をとらないですむ保護者をもとめている」。つまり女性にとっての幸福とは安楽のことなのだ。しかし、結果は期待はずれだった。「わたしは家のことを一切やり、三人の子どもの相手をし、自分の時間などまったくない」「夫は退屈でものたりない。仕事以外に興味をもたない」と妻は思う。妻は仕事をしていないので、夫が仕事をたのしみにしていることが理解できず不満になるのだ。しかし、その家庭を出ては生きていくことができない。生活を保障しているのは夫であるから、その意味では絶対者である。ダウリングは、夫と子どもにしがみつく女性の人生を生きる。そして思う。「人生は無意味だ、物質的には不自由しないが、心は死んでいる」。

結局、ダウリングは旅立つ。そのとき、「人生で一番頼れるのは自分自身だ」というボーヴォワールのことばを胸に抱く。そして「自由へ向かって飛ぶ」。

この本は、ひとりの女性の真剣な生きる意味のといかけである。そこで彼女はどうしてこんなことになったのかと考え、自分を無力化してきたのは「シンデレラ・コンプレックス」だったと悟ったのである。

これはある典型的な女性の体験であって、すべての妻がこういう状態ではないし、家庭や家族に満足して幸福に生きている女性もたくさんいる。しかし、このような致命的な不幸をあじわっている女性も数知れないほどいる。だからこそこの本がベストセラーになったのである。前にも書いたが、結婚だけが女性の人生であり、それが唯一の幸福のかたちだと教えるのはもうやめたほうがいい。それは幸福かもしれないが、不幸かもしれない。幸福のすがたは顔のように、一つとして同じものはないのである。自分の求める幸福のすがたを追求するように教えるべきである。

7　誰が「永遠のベストセラー」を売っているのか？

いっぽうで、このような批判が続出しているにもかかわらず、プリンセス・ストーリーは大量に生産され、消費されている。その人気は一向に衰えを知らない。いまプリンセスもので大儲けをしているのは、だれでも知っているアメリカの大企業である。関連商品も大売れである。プリンセスは必ず売れる、売れるからいっそう生産される。生産されるから大量に消費される。大量に消費されるから影響力も絶大である。

しかし、プリンセスものが発明されたのは昨日今日のことではない。未曾有のロングセラーなのである。文献で知られるかぎり、それは遠く中世に端を発している。「白雪姫」「いばら姫（眠り姫）」「あかずきん」などの、グリム童話を編纂したドイツのグリム兄弟が、中世から伝わるドイツの民間の伝承を収録して第一巻を出したのは一八一二年、第二巻は一八一五年、第三巻は一八二二年である。彼等は昔話の語り手であるフィーマンという女性などを通して、ドイツ民話を民族的文化を保存する目的で出版したが、それが現在では七〇をこえる言語に翻訳されて世界中に普及した。

マールブルク大学で学位をとった武庫川女子大学教授の野口芳子さんは、「日本におけるグリム童話の受容」という博士論文を書かれたそうだが、日本語では『グリムのメルヒェン』という本（勁草書房、一九九四年）を出している。また、「国家体制と異文化受容」という論文（前掲『ジェンダー学を学ぶひとのために』二三九―二五二頁）のなかで、野口さんはつぎのように述べている。

「グリム童話は幼児期に絵本というかたちで日本人に親しまれてきた異文化のひとつである。『白雪姫』や『シンデレラ』が提示する結末、結婚＝ハッピーエンドの結末に、夢や憧れを抱いてきた女性は少なくないと思われる。女性の結婚願望をかきたて、女性の幸せは家庭にあるという見方を刷り込んでいるのがグリム童話であるとしたら、ジェンダー問題を考える上で、グリム童話受容に関する調査研究は重要な意味をもつ」。

野口さんによると、グリム童話が日本に導入されたのは明治二〇年で、このように早くグリムが日本に導入されたのは、ドイツの国家主義的な体制や文化を日本に導入して、フランス、イギリス、アメリカなどの民主主義的な体制や文化を防ぐことを意図した、当時の日本の政治文化の影響があったと考察している。この考察は傾聴に値する。童話の翻訳などというと、政治的な意味はないかのように見えるが、実はそうではなくて、日本は明治二〇年代に、英米仏の自由主義、民本主義ではなくて、近代化に出遅れたドイツの権威主義的な国家主義を採用して民権運動を弾圧した。その政治的路線にしたがって明治二〇年代以降、日本にはドイツ系の文化、思想、学問が導入された。そしてその意図は、日本を、男性を頂点とし、中心とする家父長制的社会として強化するためであった。

それがすぐにグリム童話の輸入に結びつくかというと、そう簡単ではない。最初にグリム童話を翻案した管了法というひとは、福沢諭吉の門下生で、親独保守の政府に迎合したのではなくて、むしろ民衆文化の一例として日本に紹介したらしい。そのとき、野口さんの詳細な分析によれば、原作にあった、残酷であったり、彼の信条にあわなかったりする部分は改作してしまったということである。

しかし、このときにグリムは家中心の、「忠孝の徳」を強調する作品になった。これを端緒として日本でのグリム童話は、家制度の強化という日本的なイデオロギーを被せられて翻案されてきたというのである。野口さんによれば、グリム童話のなかの登場人物にみられる個人の主張や解放が、日本の翻案では抹消され変形されたのである。このことはたいへん興味深く、多くを教えてくれる。

しかし、「白雪姫」や「シンデレラ」のような世界的に受容されたグリム童話には、日本のような家中心、親中心、君主中心の儒教的美徳の刷り込みはないが、野口さんが最初に指摘されたように、女性の生きる場を家庭におき、結婚をその幸福とし、幸福を得る女性の美徳を、美貌と従順さに置くというジェンダーの基本的な教訓があったのである。そしてこれが政治形態はちがうものの、家父長制社会という点ではまったく同じの欧米諸国で、また日本でもひとしく親しまれてきた原因だった。

もともと、グリム童話のなかにある「シンデレラ」や「いばら姫」が、それぞれ、フランスではペローの「サンドリヨン」「眠れる森の美女」になって重複採取されていることからみて、また「眠れる森の美女」はイタリアでは「太陽、月、ターリア」という話で知られていたことからみて、ヨーロッパ諸国が近代国家の体裁を整える以前に共有していた中世民話や伝承文学に、その共通根があったことはあきらかである。

いっぽう、「シンデレラ」や「眠れる森の美女」を編纂したフランス人のペローは、太陽王といわれたルイ十四世の宮廷人だったひとで、その原作は一六九七年に出版されて、出版と同時に上流の読者を魅了し、フランスに一種のお伽話ブームを出来《しゅったい》させたそうである(片木智年『ペロー童話のヒロインたち』せりか書房、一九九六年)。パリ第三大学で、ペローのテクスト批判をしてきたこの学者の研究によると、どうも「眠れる森の美女」の原作というのはアニメとはずいぶんちがっていて、姫は眠ったままで王様に犯されて子どもを産むらしい。そういう話は「上品な」市民社会ではタブーなので、これまた上品に改作されてしまったことがわかる。

実際に「眠れる森の美女」の類話でもっとも早いものは、十四世紀に出たフランス中世文学集成『ペルスフォレ物語』であるとされており、ペローが十七世紀に採録したものを、グリムが十八世紀にいろいろな類話とつきあわせてまとめた可能性が高い。そういう意味では、プリンセス・ストーリーには最初から国境がなかった、家父長制社会という共通根があっただけである。その意味では二十世紀の資本主義社会でもまったくかわらないので、アメリカではかの天才ウオルト・ディズニーによるアニメ映画となって、今や全世界に輸出され、グローバルな神話となって今日にいたったのである。

つまるところ、グリム童話のなかで、今やグローバルに受容されているのは、ひきがえると王女様や、ヘンゼルとグレーテルではなくて、ディズニーのアニメによるプリンセス・ストーリーであり、その理由は、世界は今なお立派な家父長制度社会で覆われているからなのだ。そしてこのプリンセス・ストーリーの本質である基本原則、「女の子は美しく従順であれば、地位と金のある男性に愛されて結婚し、幸福になれる」が、ジェンダーを再生産しつづける金の卵であるからなのである。

ここでドイツの心理学者ユングとその学派の心理学者たちによっても、多くの童話解釈があることを書き添えておいたほうがいいであろう。童話は神話と同様に早くから民族の深層心理を解く鍵として分析されてきた。世界的に有名なユング派の童話分析学者としては、マリー・ルイーゼ・フォン・フランツがおり、この講義を聴いて日本で独自に出版されたものに、有名な河合隼雄の『昔話の深層——ユング心理学とグリム童話』（講談社＋α文庫、一九九四年）があり、テオドル・ザイフェルト、入江良平訳『おとぎ話にみる死と再生——「白雪姫」の深層』（新曜社、一九八九年）がある。

これらの心理学的分析は、童話には個人としての作者はなく、むしろある民族のあいだに長い間かかって堆積してきた心性が象徴されているとする立場にたっているので、たいへん参考になる。しかし、一言でいうならば、そこには、フロイト以後の心理学そのものが、ジェンダーの視点を基本的に欠いていた、つまり心理学的分析そのものが、男性によってつくり出されてきたという意味において、限界がある。

たとえば河合隼雄の「いばら姫」の解釈では、姫が一五歳になったときに紡錘に刺されて眠ってしまうくだりで、「十五歳になったとき、すべての少女は一度死ぬと考えてもおかしくはあるまい。つまり、子どもの時代は終わり、結婚の可能な乙女として変身する。……生理的なレベルでそれは初潮と考えてみることもできるだろう……心の内部のこととして見るならば、女性の心のなかに存在する男性的傾向からの刺戟と見ることもできる。……しかしながら、その後で少女はしばらく眠らねばならない。女性性がすばらしく開花する、『ある時』が来るまで、彼女はいばらのとげによって守られる。この守りのない乙女は不幸である。百年というのはいささか長すぎるにしても、少女の眠りをこのように発達の過程に必要なものとして見ると、『いばら姫』の話は一般の女性の経験との親近性を増す」（『昔話の深層』一六二―一六三頁）。

いっぽう、アメリカのノートルダム大学で文学博士号を得、フィールディング・インスティテュートで臨床心理学の学位をとったフェミニスト・カウンセラーの、マドンナ・コルベンシュラーグの『眠れる森の美女にさよならのキスを――メルヘンと女性の社会神話』（原著一九七九年刊、野口啓子・野田隆・橋本美和子訳、柏書房、一九九六年）では、この「眠り」は、家父長制社会が思春期になった少女に受動的な性を強い、主体的に人生を遂行することをとめ、完全な受動体として自分を愛してくれる男性を待つ状態に陥らせることの象徴として解釈されている（本書「眠れる森の美女」の章参照）。

このふたつの解釈を比較してみれば、前者は、少女の「処女性」を保護することはよいことだとする保守的な男性の視点で語られ、後者は、主体的な行動を禁止された少女の幽閉を批判するフェミニズムの女性の視点で語られていることがわかる。つまり、心理学そのものが「ジェンダー化」されているということである。それにしても、女性は思春期で「一度死に」、四〇歳でまた死ぬ、更年期でもまた死ななければならないかもしれない。これでは命がいくつあってもたまったものではない。

第三章 「白雪姫」を読む

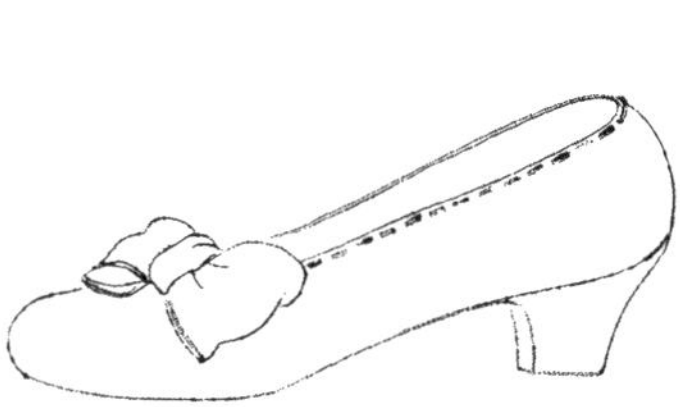

多くのひとは、大学生になってもプリンセスにあこがれる女性などはいないだろうと思っているかもしれない。しかし、それは実情を知らないか、または一部のエリート学生しか知らないからである。だいじなことは、女子大生の多くが依然としてプリンセスにあこがれているという事実である。だいじなことは事実であって、事実から出発しないとなにもわからない。

それでも、私は、こういう女子学生を軽蔑するひとはきらいである。なぜなら、彼女たちが王子様や王女様にあこがれているのは、幼時からの刷り込みのせいであって、大量の文化が彼女らを教育してきたからなのだ。大人が与えないものを子どもが吸収するはずはない。もしも私が自分もまた王子様にあこがれたことがないようなりっぱな女性であったならば、彼女らのことを理解できなかっただろう。でも私も王子様にあこがれていた。そしてその自分から抜け出し、人生は自分で生きてゆかなければならないと覚悟するまでには何十年もかかった。

講義はまずディズニーのアニメ「白雪姫」をみなで見ることからはじまる。最近の学生はあまり映画を見ないので、教室で映画を映すと熱心に見てくれる。それは映画という芸術（表象文化）を細部まで真剣に見るという重要な学習で、彼らはそこで表象を見分け、批判的に、かつ分析的にメディアに対峙することを学習する。教室で映画を見ることの成果は、全体が積極的に共通体験を議論するという場をつくるために重要である。ただし大学の授業時間は九〇分（高校だともっと短い）なので、アニメは二度にわけて見ることになる。

ここではどのような見方も強制しない。ここでやることは、すべての表象文化研究の第一歩である「記述（ディスクリプション）」である。つまり、この物語に基本的な構成要素を取り出すことである。

○美しいお姫様が生まれた。肌が雪のように白く、唇が薔薇のように赤かった。
○母のお妃様が死んで、悪い魔女の継母が城に来た。継母は白雪姫を召使いのようにこき使い、水汲みやその他の労働をさせる。
○辛い境遇のなかで、白雪姫は希望を捨てず、「希望さえ棄てなければかならず夢はかなう。いつか王子様が来てわたしを愛してくれる」と歌う。
○ある王子が貧しいみなりの白雪姫を見てひとめで恋をし、思いを告げようとするが、白雪姫は隠れてしまう。
○継母は「鏡」にむかって「世界でだれが一番美しいか」と聴いた。鏡は「あなたが一番美しい」と答えた。しかし、白雪姫がとしごろになると、鏡は「あなたよりも白雪姫のほうが美しい」と答える。

○妃は白雪姫を家来に命じて殺させようと決め、姫を森に花摘みに連れてゆき、そこで殺し、心臓をもってかえってくるように命令する。
○家来は姫を殺そうとするが、かわいいお姫様を殺すことができず、森に逃がし、かわりに動物を殺してその心臓をもって帰る。
○森に逃げた姫はさまざまな恐怖や困難の末、動物たちに助けられて七人の小人が住む小屋を見つけだし、そこで掃除、洗濯、炊事などをやる約束で同居することになる。とくに姫がアップルパイを焼けるということが小人を感激させる。
○小人の家は汚く乱雑で、白雪姫がそれを片付ける。食事の前に手を洗うことも白雪姫が教える。
○七人の小人は森の奥で金を採掘している。毎朝彼らは白雪姫のキスに送られて、「仕事が好き」という歌を歌いながら採掘にでかける。
○七人の小人はそれぞれ特徴があって、なかには口のきけない小人や、女嫌いの小人などがいる。しかし白雪姫は彼らすべてに優しく母親のように世話をする。
○白雪姫は意中の王子様がいることを小人たちに告げる。それは「背の高い」若い男で、小人たちとは正反対の男性である。
○妃は鏡のなかの男から、白雪姫がまだ森のなかで生きていることを知らされて、自分で彼女を殺すことを決心する。地下の工房で毒薬を調合して、それをりんごに塗る。自分は老婆の姿に変身する。
○老婆は森の小屋を発見し、男はアップルパイに弱いといって白雪姫にりんごを売る。
○白雪姫は老婆にすすめられてりんごを一口かじり、そのとたんに倒れて死ぬ（死んだようにみえる）。
○動物たちが小人に危急を知らせる。小人たちは帰ってくるが、死んでいる白雪姫を見つけて悲しむ。
○小人と動物たちは老婆を追い詰め、老婆は高い崖から落ちてしまう。
○小人たちは、死んでも生きているように美しい白雪姫をガラスの棺にいれ、花の木の下に安置し、哀悼する。
○美しいガラスの棺のなかの姫のうわさを聴いた王子様が、白馬に乗ってやってきて、白雪姫を見出し、眠ったような姫にキスをする。
○そのキスで白雪姫は目をさまし、王子様と抱き合う。王子様は白馬に白雪姫を乗せて、高く聳える王様の城へと連れてゆく。

アニメを見たあとで、クラス全員で討論を行う。どう思ったか。どこに感動したか。どこが変だったか。このとき、学生はひとりとして同じことを言わない。それらはびっくりするほど個性的で、その意見を聞いたクラス全体が、その議論で多様なものの見方を学ぶ。このとき欠席していた学生はその恩恵にあずかっていないので、ステレオタイプな感想文を出すことになった。いかに議論が、それぞれの意見をつくりあげるのに大事か、それでわかる。

その感想をリポートにしてもらった。それが以下の文章である。全文を紹介すると膨大な量になるので、典型的なものだけを収録する。この文章を印刷することは学生の了解を得てある。むろん文章は一切なおしていない。なおすといきいきしたものが消えてしまうからである。またなおす必要はない。学生は自分が好んで書くときには非常に文章がたくみである。

1　プリンセスが大好き

まず、五歳のころプリンセスに憧れた心を持ち続けているプリンセス大好きの「かわいい」感想を見てみよう。

明るい場面、表現も音も軽快だった。なによりも歌が多くてとても楽しかった。踊りの場面も白雪姫がきれいだった。スカートをもってくるくるとまわるところは女の子のあこがれ。また、汚い家を掃除しようとする心境も女性ならではだと思った。王子様と出会ってから、そのひとがきっと来てくれる、また会えるようにと願う恋心が初々しく感じられた。最後の最後に迎えにきてくれる王子様は運命のひとだったのかな？（O・S）

とても夢のあるお話だと思います。白雪姫やシンデレラなどは、女の子の気持ちをくすぐる思いがあります。とくに七人のこびとが出てくるところは、気持ちがやすらぐというか、平和な気持ちになれます。女の子であれば誰でもがこのような生活に憧れ、夢見ると思います。一番最後の白雪姫と王子様のキスはとてもロマンチックだなと思います。（S・M・Y）

この物語は、継母に嫉妬されながらも心の優しい女性に成長していった白雪姫が描かれていて私は好きだ。王子様と運命的に出会うところも夢があっていいと思う。
七人のこびとがでてくることで笑って楽しく見ることができた。（M・Y、M・S）

私は白雪姫が好きでなんども見たことがあります。七人のこびとがかわいいです。ひとりひとり個性があり、そのことが楽しさをすごく出していると思います。

この話では人間以外にたくさんの動物がでてきます。このことは人間と他の生き物との共存、自然を守っていればこんなにかわいらしい動物たちに出会えるんだということをいいたかったように思います。子どもにはもちろん大人にも夢をみさせてくれる物語だと思います。（S・A）

現実ばなれした夢のようなお話で見ていると楽しくなるようなものです。まさにこどもに夢を与えると云っていいものだと思います。美しい白雪姫にステキな白馬にまたがった王子様。あこがれるようなお話だと思います。（K・A）

最後の王子様が白雪姫にキスをして目をさますところ、白雪姫が動物たちと歌いながら一緒に踊ったりしているシーンが現実ではありえないが、だからこそ、夢があってとても

好きなシーンです。やはりどの時代でも女性は美しくありたいと思うのだと感じました。（I・R）

白雪姫はその名のとおりに雪のように白い肌で美しいお姫様だとあらためて思った。心も優しく動物やこびとたちを思いやることができる白雪姫は、現代でもあこがれる女性は多いだろう。また男性もきっと支持する人が多いのではないだろうか。白雪姫が王子様に出会ったとき、王子様はその美しさに惚れるが、白雪姫は自分のみすぼらしい服をはずかしがって自分の部屋からそっと隠れるようにして見る姿が切なくてまたかわいく感じた。

きっと王子様はどんな服そうでも白雪姫の顔から見えてくるきれいな心をわかったんではないかと思った。（S・R）

何歳になって見ても素敵で夢いっぱいのお話だと思った。つらいことがあっても次ぎの瞬間には、魔法がかかったかのように素敵なことがおこる……いつの時代にも色あせないとても素敵なお話だと見とれていた。アニメの描くプリンセスは、女の子たちに夢を与えつづけると感心した。（U・H）

このように肯定的な感想では、白雪姫がかわいい。動物がかわいい。動きが自然。音楽が素敵。ドレスが綺麗。「夢」があってとてもいい。「愛のすばらしさ」を教えるといった評価が代表的で、全体の三割を占めた。このなかにはしばしば、「女の子のあこがれ」「女の子ならみんな好きなはず」という表現がある。自分が好きというのではなく、「女の子」という集団の名前でこれを語っていることが注目される。子どものころから「女の子でしょ」「女の子なんだから」と言われて来たので、「自分は」という主語ではなく「女の子というもの」として集合で発話している。しかし、実際には女であってもいろいろ意見がちがうということが、感想文を読み上げて聞かせたときにわかった。そのとき、クラスでは一部に驚き！　のざわめきがあった。同じ「女の子」でも、みな同じ考えではないことがわかった上に、そこには意外な感想もあったからである。

ここで書いておくと、以上のような「素朴な」感想は、第二回めの感想文ではかなり姿を消した。教師が「女の子」としての感想を求めているのではなく、「自分の意見」をもとめていることがわかったからか、あるいは、教師がそのような文章を賞賛したからそれに合わせたのかであって、それはどちらでもよい。「……と言われている」から、「私は……と考える」への転換がだいじである。

2　やや批判的な感想

つぎに、プリンセスは大好きだが、ちょっと気になるところもあるので、自分流に読みなおそうとしている文章を集めてみた。

小さい頃は、王子様にキスされて目覚めるなんて、なんて素敵な話と思ったりしていました。けれど大人になった今ではおかしなところがちらほらあると思いました。まずは白雪姫のお父さんが出てこないことです（父の不在。これは心理学者が指摘している。後述）。鏡が、継母も美しいですが、白雪姫の方が美しいといったのは、外見だけじゃなくて、中身もきれいだったからだと思います。（K）

私はこの話を見て、女性の美しさへの執着心、夢に希望を持つこと、こびとたちの女性というものへの気持ちに注目した。女王が美しさを求めるという行動は、いつの時代もかわらず、女性にうまれたのであれば必ず起きることだと思います。しかしこの女王の場合、自分の美が一番でないと我慢ができなかったため、このような結果になってしまったのです。いっぽう白雪姫は自分の美を豪語することなく、いつか必ず王子様が現れることを信じて心豊かに過ごしていたので、幸せに暮らすことができたのだと思います。この二人の女性の生き方が描かれているように思いました。

問題だと思うのは、白雪姫が家事をあたりまえのようにしていました。そしてこびとたちは、女は家事をこなしたり、きれいずきであったりする生き物だときめつけているようなところがありました。私はちょっとそういう押し付けのような部分は女性差別のような感じがしました。（T・R）

ここでは白雪姫が肉体的な美によって愛されたのではなく、その性格がよかったから愛されたのだというふうに解釈がされている。外見ではなく、性格または「きだて」のよさのほうが重要だという考えが示されている。これは自分自身の責任ではない肉体的特徴によって人生が決定されることに対する抵抗であるとみてよい。

3　批判的な感想

批判的な感想は、二、三年生に多い。私の大学では「ジェンダー学」を初年次の必修にしているので、その概論を聴いた成果、またはその他のジェンダー学講義を聴いた成果が出ているものと思われる。また物語の筋を鵜のみにするのではなく、表象の奥のメッセージを読みとろうとしている。これはジェンダー文化論の初級の講義で映画の分析をした成果だろう。

「ブスなら殺せ？」

女王は白雪姫を殺すように家臣に命じたが、彼は「あんなかわいい子をですか？」と聞き返す。しかし、彼には殺せなかった。そこで第一の疑問だ。では彼は彼女がブスだったら殺せたのか？

知らない人の家を勝手に掃除したのは、彼女のしたたかな計画である。小人たちが仕事に行くときにチュウをする、そして喜ぶ小人たち。白雪姫は自分の美しさを武器にしているように見える。（G・I）

「鏡の目は男の目」

白雪姫は、かわいらしさ、家事役割、清潔好きという、いわゆる「女性らしさ」をもつ。継母は鏡のなかの男の評価で美しさを計っている。鏡＝世間の「男」の目である。鏡のいう美しさは肉体の美（口、肌、髪）であり、女王はそのことに価値があると信じている。王子が白雪姫にひかれたのも、美しさや歌声にひかれたとしか思えない。白雪姫を殺すように命令された家来は「あんなに美しいのに」と戸惑う。

白雪姫は他力本願である。「いつか王子さまが……」と助けられることを願っている。こびとたちが何者かが家に侵入したとわかり怖がるが、かわいい女の子だと知るとホッとした。（A・M）

「こびとは障害者」

子供の頃、なにげなく見ていた白雪姫。あまりにもかわいらしい主人公の白雪姫。そしてこれまたかわいらしい七人のこびと。

子供にとってファンタジーはあくまでも現実とは異なり、いわゆる夢のようなおとぎ話であろう。女の子はその主人公に憧れのまなざしを向け、自分もそうなりたいと望む。現に私自身、そうであったと記憶している。しかし、大学三年生になり、女性学の講義をとり、私はファンタジーの裏に隠された「社会的メッセージ」を感じとるようになった。子供たちが見るからこそ、作者はそこにメッセージを残す。子供たちがそこから「社会」を学びとるように。

第一のメッセージは障害者である。七人のこびとは老人でしかも身長が低い。これは障害者であり、白雪姫は健常者である。この二者が差別をしないということを教えているのである。(O・A)

「魔女の定義」

醜い女や醜い気持ちを象徴したのが魔女ではないかと思います。同時に白雪姫の隠されたテーマにも気がつきました。それは美しいことが女の存在価値であるということです。

これは間違っていると思います。私は顔より性格のほうが大事だと思います。女王は最初美しかったのに、美しさだけにこだわって醜い魔女になって死んでしまいました。ほんとうに愚かだったと思います。（S・A）

「差別ことば」

一九三七年公開のアニメは映像のみごとさで見る者を魅了します。そしてストーリー展開において重要な役を果している歌の数々も本当に素敵です。しかし、私が小さい時にみたこととは今度はかなり違った印象を受けました。いちばん気にかかったのは、やはり小人の「怒りんぼう」の言動でした。「オンナみたいにぺちゃくちゃと……」「オンナのくせに……」。これらの言動にはたいへん驚かされました。男女差別のことを考えると、決して口に出してはならないし、非常に封建的な考え方だと思います。自分が優位に立てるときは、上から見下すように言いたいことを言って、都合のいいときには女に甘える。このようなひと昔まえの考えを持った人がいまだ根強く存在しているのが事実なのであろうが、この白雪姫をもう一度考えてみるべきである。（S・M）

「性別役割分担」

いぜんは白雪姫をみてもなんとも思わなかったが、大学でジェンダーを学びはじめて、白雪姫をジェンダーの視点からみると、予想以上にひっかかる部分が多かった。女の仕事、男の仕事――小人が「仕事が好き」と歌って鉱山にでかけ、白雪姫は家で家事をやっている――のがあたりまえのように表現されているので驚いた。小人の家に行った時に白雪姫が家事をするのがあたりまえで、それをするからおいてもらえるというのはおかしい。

私が一番気になったのは、白馬の王子様の存在である。白雪姫の結末は、現実でいうと結婚で、女の幸せはいい男のひとと結婚することと言っているように私には思えた。それはあきらかにまちがっていると思う。仕事で一生懸命生きていく女性も多い。女の価値は結婚で決まるというような考えはおかしいと思う。（S・M）

「禁断の実」

りんごに毒が塗ってあったのは、聖書のなかでイヴが食べた禁断の果実を意味しています。これは白雪姫が自分の好きな人以外に身体をふれさせてはいけないということでけっこう重要なことです。（S・A）

「ステレオタイプな女の描写」

「継母の鏡」。まず、継母が鏡の前であの有名な「世界で一番美しい女は誰か?」と毎日のように聞く。ここで私が不快だったのが、女がまるで鏡ばかり見ているという先入観があるからです。そして美しくないと気がすまないということです。ここから私はすでに嫌気がしてきます。鏡をあまり見ない女だっているはずです。

また、こびとの家が掃除洗濯をしていないのは母親がいないからだというのも問題です。まるで女がそういうことをするものだときめてかかっているようです。また、姫の逃げる動作やしぐさなどは私には考えられないほど不自然で、当時の男性からみて理想とする女のものです。自分でもこんなに疑問がでてくるとは思いませんでした。(I・S)

「美に規準はない」

白雪姫の美しさを妬む女王は、自分も白雪姫もいつかは年老いていくことを忘れている。鏡はなにを基準に世界で一番美しいというのだろうか。美的基準はみな違い、世界のなかで人種や文化や考え方も違うのだから、世界一の美人なんてわからないと思う。白雪姫の容姿がよほど鏡の好みだったということです。(I・J)

「差別の構造」

白雪姫がこびとの家をみつけたとき、家のなかは散らかり放題で、洗い物もしていない状況だった。どうも昔から掃除洗濯、料理といった家事は女性の仕事で、男性は外で働くというイメージがある。考えてみれば七人のこびとはみな性格がちがうのだから、ひとりくらい料理や家事が得意なこびとがいていいし、分担して家事をやればできる。

クライマックスで王子が白雪姫を助けるというのは、女性は男性に助けてもらうものだという考えを生む。

またこびとはホルモン異常のために体だけ小さいひとたちなので、差別のために町に住むことができず、森のなかに住んでいる。この話がつくられたころには今よりも差別がひどかったのかもしれない。（N・S）

「男女の理想的関係」

白雪姫は白い肌、赤い唇、大きな目、体も小さく少女のようで、継母は顔は細長く、目は吊り上がり、体も大きく、いかにも陰険である。この二人に表されているのは、男からみて好かれるタイプと嫌われるタイプを露骨に表している。

この物語の結末をみても、この物語のいいたいことは、女性の成功とは、地位の高い男から愛されて養われることである。また男性は弱い女性を保護して幸福にすることである。男性の愛を得ることができた女性が最後に勝利し、悪い女性は滅びる。この構造がこの物語が伝える男女の理想的関係である。（H・M）

「悪と醜の関係」

継母は白雪姫をだまして殺そうと醜い老婆に変身するが、なぜあれほど醜くならなければならないか？　それは世間が、老いている＝醜い＝恐ろしい＝悪女、と思い、若い＝美しい＝善女として女王と白雪姫を対照させようとしたのである。（？）

「魔女と白雪姫あわせて女性」

こびとは同居の条件として、洗濯・掃除・料理・裁縫といった家事ができるかどうかを聞きます。それらは「アップルパイ」ができるかどうかという一言に要約されています。姫も求められているものを了承し、プレゼンテーションを行います。姫はアップルパイが得意だということを、身体をくねらせてアピールしています。

それから魔女について、私は幼い頃からある感情を抱いていました。それは恐怖です。私の心の中には、自分も含めてすべての女性の中にある毒々しさに対する恐怖があるようです。自分が白雪姫であると同時に継母でもあることを無意識に知っているのです。魔女にはなりたくない、という恐怖は、私たちを「よい子」でいさせます。よい子にハッピーエンドを与え、魔女に制裁を与えることは私にとってことのほか恐ろしいことでした。今度見て、二人がひとりであることがようやくわかった気がします。（H・K）

以上の感想文をクラスで読み上げると、クラスのなかに動揺があった。ジェンダーの基本的な枠組みである、「女性らしさ」「男性らしさ」の刷り込み、「男性――公的な仕事、またはモノの生産」「女性――私的な仕事、または再生産」という固定的な性別役割への批判が、ある学生の場合にはすでに学習したことによって、ある学生の場合には平生からの経験から明白に批判されているからである。

しかし、女性の分断、つまり従順で性的魅力がある女性と、老いているか醜悪かで、性的魅力、または生殖機能がない女性（淫乱な女性もこのグループに入る）とに女性を二分して、前者を賞揚して成功と幸福に導き、後者を断罪して不幸と破滅に落とすという、男性社会の「言説」の戦略を見抜く学生がこれほど沢山いたのは驚きであった。しかもその学生は自分のなかにもその「魔女」が住む可能性とその恐怖を語り、「二人合わせて女性」と総括している。

問題は、彼女がそのような分断をつくられた戦略としては見ていないことで、その分断を内面化していることである。これはフェミニスト心理学者のいう「いい子症候群」に気付いていることを意味する。ここから抜け出すには、強制された「いい子」は虚構であり、すべての人間は多面性をもち、善も悪も含めて包含していることを認識することが必要である。

女子は生来やさしい、生来おとなしい、生来欲望がない、そのような虚偽の刷り込みが、豊かで多様な存在である女性に強制された場合、彼女は誠実であればあるほど、自己を「悪」として責めるようになる。『シンデレラ・コンプレックス』の著者ダウリングが指摘しているように、「いい子」でいなければならないという抑圧が、女性の心理的症状の根底にひそんでいるのである。

そのことは、フロイト派の心理学が語ってきたような、「女性＝母」という決定論を刷り込まれた女性が、自分の子どもを愛することができない場合に陥る絶望や自責の場合にもいえる。母性愛が本能ではなく、幸福な人間関係によって醸成される人間的感情であることを語ったバダンテール『母性という神話』（鈴木晶訳、ちくま学芸文庫、一九九八年）、イリガライ『ひとつではない女の性』（棚沢直子訳、勁草書房、一九八七年）は若い女性にとっての必読書である。本書の範囲ではないが、ジェンダーを教える目的は、女性を過去の抑圧の「鎖」から解放し、自由にすることなのであるから、このような教育も不可欠な項目である。

4　女性同士を闘わせる方法

感想文を読んだあとで、多くの学生たちが、プリンセスが美しくて若く善良な女性、魔女が醜く老いていて邪悪な女性だと型にはまって描かれていることに疑問と反発を抱いたので、昔話のなかには「型にはまった女性類型」があることを説明した。

○よい「母」（生母）と「悪い母」（継母）
○よい「娘」と悪い「娘」
よい娘は悪い母にいじめられるが、結局よい娘が幸福な結婚にこぎつける。
昔話のなかには「美貌」をめぐる女性同士の競争がある。

○美しい若い娘と醜い老いた女
○美しく気立てのよい娘と醜く気立ての悪い娘
むろん美しい若い娘が幸福になる。

このステレオタイプ（型にはまった）の勧善懲悪（勧美懲醜）が、男性たちの「策略」であることを一人の学生は気付いている。「それは、男性からみて好ましいということにすぎません」。つまり、男がジャッジになって、女たちの美を闘わせるのである。

美をめぐる女性同士の争いは、古代の神話から存在する。これはギリシア神話のなかの「パリスの審判」以来、西欧世界で一般化されたもので、男性が、女性のなかで誰が一番美しいかを審査する制度、または慣習である。現代におけるミス・コンテストがその典型で、どの場合にも、男性の目からみた女性の理想度、外見の美を主とするセックスアピールと、男性からみた女性らしさをランクづけし、女性ひとりひとりの個人の価値や固有のありかた、人間としての尊厳を無視し、一定の枠にはめこもうとするもので、ミス・コンテストはジェンダー先進国では廃止されている。

二〇〇二年一二月二六日付けの朝日新聞朝刊「青鉛筆」に、横浜市が五一年間続いた「ミス横浜」を廃止すると発表したことが書いてあった。記事によれば、これまで一八歳以上の独身女性に限って毎年コンテストをやってきたが、十数年前からほかの自治体が続々と「ミスコン」を廃止してきた。それでも横浜市は「水着審査はしないし、美人コンテストではない。外国客船を迎えるための振り袖姿の『ハマの文化』だ」と主張してきたのだが、「しかしワールドカップの決勝戦も開かれ、国際的な知名度もアップしたので」どうやら廃止することに決まったらしい。この場合にもグローバル・スタンダードが「ハマの文化」を破ったということがおかしい。また「文化」といっても、結局「ハマのおじさんの文化」であって、おじさんだけがハマの市民ではない。文化政策にもジェンダーがある。そのことを知らせる興味深い記事である。

コンテスト（競争）ということばが示すように、これは男性の要請にこたえて女性と女性が争い、たたかうという心性をつくりだしてきた。女性の分断と競争、対立は、昔話に限ったことではなく、太古からこの社会は、女性を「善女」と「悪女」にわけて争わせてきたのである。

西欧社会では「禍いをもたらす悪女」と、「祝福された処女」との分断が構造化されてきた。

◯旧約聖書のなかのエバ――人類を堕落させた罪の根源

○新約聖書に登場するイエスの母マリア　処女にして母——人類の救済者
○ギリシア神話のなかのパンドラ——神々から「火」（技術文明のシンボル）を盗んだプロメテウスへの復讐として神々が美女を作って人類に送り、彼女はもってきた壺をあけて、そこからすべての災厄が世界に噴出した。彼女は人類の最初の女性で、それ以前には地上には災厄がなかった。つまり、女性が全人類に災厄をもたらしたのである。
○近世文学、現代映画、漫画に登場する「運命の女」——男性を破滅させる悪女
○貞淑な「家庭の天使」——男性を支える天使のような妻

この問題を研究する場合の参考文献は、ブラム・ダイクストラの『倒錯の偶像——世紀末幻想としての女性悪』（パピルス、一九九四年）、マリオ・プラーツの『肉体と死と悪魔』（国書刊行会、一九八六年）、メアリー・デイリー『教会と第二の性』（未来社、一九八一年）、若桑『象徴としての女性像』第二章「禍いをもたらす女」（筑摩書房、二〇〇〇年）である。

どれも初年次の学生には一般にむずかしい。むろん読破する学生もいる。しかし平均的には三年次以上である。参考文献をレジュメに書いておくと、研究室に本を借りにくる学生がいる。これは非常にいい成果であるが、めったにない。焦ってはいけない。書物によって知識を獲得することを教えるには「導入ゼミ」が必要である。学生たちは情報をとる

ための読書を最初は身につけてはいないのである。高校までは教科書を暗記している習慣があったからである。

5 「悪女」と「善女」を分断するのはなぜか

今度は、なぜ「悪女」と「善女」が対照的に分割されてきたのかについて話す。

○生まれてくる子どもの血統を保証するために、女性の純潔と貞操を不可欠とする家父長制社会が、女性の最高の美徳を純潔であるとした。その掟を浸透させるために、純潔な女性には報賞（幸福な結婚）を約束し、そうでない女性を懲罰の対象として、宗教、道徳、文学などの文化によってひとびとの心に浸透させた。

○男性にとって理想的な女性と望ましくない女性の類型を示すことによって、女性を教育しようとした。教育には模範例と懲罰例を示すことが効果的である。

○フロイト以降の心理学が、「母と娘の戦い」を科学のことばで語った。それによると、女子は男性の力（具体的には男性性器）を持たない母親を否定し、父に近づく。また、ナンシー・チョドロウ『母親業の再生産』によれば、母親は娘を自分そっくりに育てようとし、娘はそれに反発し、両者はあらそう。

このように、過去の文化や精神科学は、女性と女性を闘わせ、たがいに争うものとして位置づけてきた。「女の敵は女」という固定的な観念（ステレオタイプ）は、女性を分割統治するには非常に効果的なポリティックス（政治的戦略）だった。

しかし、現実の私たちは「聖女」ではないが、「悪魔、魔女、悪女」でもない。それはすでに誰かがあらかじめつくり出した鋳型に過ぎないのだ。現実の私たちはもっと複雑で多面体であり、しかも二つとない独自な存在である。

かけがえのない独自の存在としての人生は、私たちひとりひとりが作っていくものである。すでに存在する「善」「悪」の基準も、批判なしに受け取ってはならない。力強く責任感のある女性が「女らしくない」といわれ、「子どもを産まない女」が悪い女といわれる。しかし、それは普遍的な善悪ではない。それは過去の時代が作りだした通念にすぎない。これからは、なにが悪、なにが善であるかを学び、その判断にしたがって自己を実現させる時代である。すべては主体としての自分が判断し、決定することである。

6　娘を玉の輿に！

前の章で述べたように、『眠れる森の美女にさよならのキスを――メルヘンと女性の社会神話』を書いたマドンナ・コルベンシュラーグは、臨床心理学の博士である。彼女は女性の成長にあたって、「母と娘」の関係が決定的な因子であることを強調している。母親とは、絶対的な無条件な愛情を娘に注ぐものだという「ステレオタイプ」神話が社会に浸透している。これがわざわいの発端だと彼女は指摘する。どのような女性にしても、一夜にして無私で無条件な「よき母」になれるわけはない。でも彼女はそれを演じなければならない。そこで母親は、つねに娘に対して「二重のことば」で話しかけることになる。

それはこんなことばである。

「私はあなたの母親よ、愛しているからなんでもしてあげる」（そうやれと期待されているからやるだけよ。ときには母親の義務に憤慨しているのよ、みんなあなたのせいなんだわ）。「あなたは私そっくりでかわいいわ」（あなたには気に入らないところがあるわ。私の自己嫌悪と不安をそのままもっているから）。「ひとりだちしてほしい」（でも恩知らずにはならないで、ずっと私を頼りにするのよ）。「なにかをなしとげる自己主張できる娘になってね」（でも女らしいままでいてね）。「私以上の人間になってね」（でもあなたなんかになんでもできるわけじゃないのよ）。

これらは「両義的サイン」というもので、私が女子学生から相談を受けた悩みのなかでもっとも多いものの一つである。彼女たちは、実に驚くようなことばを母親から投げ付けられているのである。その多くは、学問をつづけること、自立した女性になること、娘が成長することへの母親の反対、または反感である。なかには娘の顔のなかに自分の容貌の欠陥を見て、「あなたがいると化粧がうまくいかない」といった母があり、大学院にいこうとする娘にむかって、「あなたの生き方は私の人生を否定する」といった母もいる。この臨床心理士もまた神話をおしつけられた母の苦悩と、その苦悩を反映する娘の症例を多くもっているのであろう。

「それゆえ、おとぎ話のなかの母のイメージは二つに引き裂かれる。すなわち、養い育てる『よい母』と、破壊的な『悪い母』。前者は実母と考えられ、後者は母性愛をもつことのできないほかの女性——原型的継母——に関連づけられる。……『よい母』は、実際には神話の『取り入れ』（自己とは関係のない事項をあたかも自己と関係があるかのように考える精神作用）なのであり、『悪い母』とは現実の母親の欠陥に対する空想上の批判——すなわち私たち自身の恐怖の投影である。このことはなぜ精神病患者の圧倒的多数が『邪悪なもの』の代表に母親をあげるのかを説明してくれるだろう』」。

まさに、無私で献身的な愛情そのものである、また、そうでなければならないとする母性神話、それは人間としての女性の内面の意志には関係なく、外から押し付けられた価値観に従って生きることを女性に強制する。こうして、無私と献身を強いられた女性が、自分をも娘をも圧迫するようになるという構造がここで指摘されている。マドンナは、「自分自身を創造する前にこどもを産む女性には、自律的な娘を育成することはできない」と言う。

さらに悪いことには、母親が生きている「他者中心的」な生き方が、女性を、男性の支配する組織のメカニズムに取り込まれやすくするので、女性は男性の好意や愛を得ることに必死で、それが女性同士の友情や連帯を損なってしまう。女性は自己実現や、自分の状態を改善し、その状況から出てゆく、つまり「超越する」ことを止められているので、すべての女性が自分と同じように横並びにくすぶっていることを求める。だから、すぐれた同性の他者が飛び抜けていくことに嫉妬し、女性をみな水平化して自分の存在価値を確認しようとするので、嫉妬深くなるようにされている。女性が女性に食べさせる「毒りんご」とは「嫉妬」であるとマドンナは鋭く指摘する。

これは心理学的な解釈だが、女子学生にはおおいに思い当たることである。また、ここで「神話の取り入れ」というキーワードを知ったことは意味がある。多くの女性がプリンセス神話を「取り入れて」しまっていることが考えられるからである。

最後にマドンナさんは、女性がほんとうの人間になるには、いかなる種類であれ、「母親」との関係を清算し、自分のまわりの女性との関係も清算し、男性にも女性にも真の友情にもとづいて手をさしのべるということだが、そのためには幾世代にもわたって形成されてきて、女性の能力を内側から台なしにする「社会化」（既存の社会が求める女性らしさと女性役割に自分自身を同化すること）を捨て去ることが必要だと書いている。

悪い母の嫉妬によって、何度も死の危機に追いやられた白雪姫の運命は、男性中心の社会のなかで、多くの母親が実はその娘の自律を阻害しているという現実を象徴するものである。しかしこの二人は、実はあわせて女性そのものだ、という学生の感想文のなかに、どこかで断ち切らなければならないこの構造（女が女の敵となる）を崩す可能性が潜んでいる。

7　グリムとヒトラーとディズニー

最後に、たいへんユニークな研究を紹介しよう。石塚正英というひとが『「白雪姫」とフェティィシュ信仰』(理想社、一九九五年)という本を書いている。それによると、驚いたことにグリム童話の初版では、白雪姫を殺そうとするのは実母だった。それが一八一九年の第二版では継母にかわった。このことは非常に重要に思われる。なぜなら、母というもの、あるいは人間というものは、複雑で二重な存在だからだ。ところが、ヴィルヘルム・グリムは教育上よくないと考えて悪女を継母にした。その背景には、ドイツの文化に対する賞揚があり、またルソーからペスタロッチにいたる十八世紀から十九世紀前半のロマン主義的教育思想があった。石塚さんによれば、さらにダーウィンの『種の起源』にはじまった「悪い種と良い種」の分断があった、というのだが、それには性差別的な女性の分断を付け加えるべきだろう。

石塚さんのユニークな視点は、グリム童話のなかの残酷な血の刑罰(グリム童話では白雪姫は焼きごてで継母を焼き殺す――これは悪い女を殺す魔女処刑につながる)を、ナチが利用したというのである。「ナチスは自己の思想を宣伝するのにおおいにグリムを利用した。たとえば第二次大戦中に『赤ずきんの狼はユダヤ人であり、赤ずきんはドイツ人、赤ずきんを救い出す猟師は国民を解放するアードルフ・ヒトラーである』」と宣伝した（同書、一七五頁）。

さらに、石塚さんは、ディズニーのアニメ「白雪姫」は、移民大国アメリカの秩序を形成するために大幅に変改されたものだという。著者が引用しているマーク・エリオット著、古賀林幸訳『闇の王子ディズニー』（草思社、一九九四年）によると、ディズニーはイングランド系移民の厳格な父と、やさしい母という典型的な家父長制家族に育った。グリム童話を彼はこの母から聞いて育った。若くして商業アニメ制作者となった彼は、いっぽうで熱心な反ユダヤ主義者、反共主義者であり、日米開戦の一年前、つまり一九四〇年、正式にFBIのハリウッド情報提供者になった。

また、一九四四年、反共的な映画関係者団体「アメリカの理念を保持する映画同盟」（MPA）の設立に加わった。彼が「白雪姫」を公開した一九三七年とは、第二次世界大戦の火ぶたが切られようとし、日米が開戦する直前だった。エリオットによれば、「映画の基本テーマは、危機にあるアメリカの社会心理に訴えた。白雪姫の恐ろしい継母に対する抵抗は、暗黒の悪の力がアメリカの存在そのものを脅かすかに見える世界大戦にまもなく突入しようとしていた国民の恐怖を反映した」。

つまり、あらゆる悪にうちかって復活する白雪姫は、アメリカの理想の家庭をまもる不朽の「理想的、家庭的女性」であった。それを戦後の日本が家電や自動車などと一緒に喜んで輸入したということである。

アメリカのグリム研究家であるジャック・ザイプスは『グリム兄弟――魔法の森から現代の世界へ』（鈴木晶訳、筑摩書房、一九九一年）で次のようにまとめている。

「ディズニーはグリム童話を『アメリカ化』した。男の力の汚れない雄々しさを讃え、優しく素直な若い娘が家庭に入ることを勧め、身だしなみのよい、まったくアメリカ的な登場人物に善行をさせ、取り澄ましたとは言わないまでも、分別くさい人生を推奨した。……ディズニーによる映画化（ウォルト・ディズニー自身が原案をつくり、それが脚本化された）では、男性主人公は大役をあたえられている。……どの場合も女の主人公は、程度の差はあれ、『いつかわたしの王子さまがやってくる』という歌を歌うにすぎず、ひたすら待ち、苦しみ、か弱く、優しいことがその特徴である。……ディズニーは、アメリカ製の、アングロサクソン系白人男性の道徳的高潔さを讃美することによって、彼自身が想い描いていた秩序ある社会の理想像を投影したのだ」。

この理想の社会とは、いうまでもなく家父長制的社会である。多くの学生たちは、この話に魅惑されつつも、そこに潜むイデオロギーには気付いていたのである。これはメディアをうのみにするのではなく、「だれが」、「いつ」、「だれに向けて」、「何のために」それを作ったのかということを客観的に調べて、どのようなメディアも「まっ白」ではない、そこには必ず政治的、社会的メッセージ（意味の伝達）がある、ということを見抜くこと、これは主体的に生きるための必要な訓練である。

第四章 「シンデレラ」を読む

次に「シンデレラ」を見る。物語のディスクリプションは省略する。継母といじわるな義理の姉妹に酷使されて逆境にある娘が、善意の魔法使いによって馬車やドレスを与えられ、王子の舞踏会に行き、そこで王子に愛されるが、一二時という魔法が解けるタイムリミットがきたので、ガラスの靴を片方だけ残して城を去り、王子がこの靴を履くことのできる娘を探させて、ついにシンデレラが発見されて城に迎えられ、王子と結婚するという周知のストーリーである。

1　素直な感想

今度も、最初にシンデレラ大好きの文章を紹介する。しかし、それでも最初のときよりは自分の考えがしっかりしてきている。そしてさまざまな心の惑いがすなおに書かれている。

今回シンデレラをみて学んだことはやはり着飾るだけではダメということ。辛い事、楽しいこと、経験をつめばつむほど人間的に成長し、それにともない女性はキレイになれる。これを信じて私も魅力のある女性になりたいです。(S・M)

「心のどこかで……」

もし目の前に魔法使いのお婆さんが現れて魔法で素敵なドレスを着せてくれてお城の舞踏会に連れていってくれるといわれたらきっと行ってしまうと思います。

シンデレラのように待ちつづけ、祈りつづけるだけではだめだとわかっていっても、やはり心のどこかで憧れてしまっている自分は、すべてではないけれどやはり子供のときの話が刷り込まれているのだろうと思い、悩んでしまいました。(Y・H)

「女を幸せにするのは男、不幸にするのは女」

シンデレラは、義理の母のいうことを聞いて暮らしていました。そのなかでも彼女は「たとえ辛いときも信じていれば夢は必ずかなうはず……」と歌い、幸せになることを夢見ていたのです。それは女性にうまれてきたことからくる心理であり行動なのです。自分を守ってくれるだれか(王子様)が現れ結婚をすれば女性は幸せになれるということをこのお話は伝えていると思います。まさにそのとおりで、私を含め、多くの女性はこのシンデレラに共感しました。

おもしろいことに気付きました。シンデレラのまわりにいる動物たちなど、彼女を幸福に導くキャラクターはみな男性です。いっぽう彼女の幸せを阻止するのは継母、義理の姉たち女性でした。このことは男は美しくきだてのよい女性に甘く、女は同性として憎しみを感じるということを意味しています。

ただひとり魔法使いのお婆さんは、母親のような存在であったと思います。（T・R）

「なにがほんとうの幸せかわからない」

結局シンデレラも継母や姉のように「女にとって結婚が幸せのすべて」と思っていたので必死で靴を履いたのです。たしかに、それは他人に頼った生き方かも知れないけれど、「ではいったい何が幸せなの？」と思うとよくわからなくなってきてしまう自分がいた。でも私もいつかは結婚し、家庭をもつことを願っている。それは自分の「居場所」が必要だからだと思います。

自分も誰かを必要としている。一方的な依存ではなくて共存していくことが結婚の幸せなのかなと漠然と思いました。（M・M）

「守られたい」

美貌と気立てのよさとかわいらしく弱々しければ王子様がきてくれて幸福な結婚ができる。ちいさな頃からいつもビデオや映画を見て私は育ってきましたので、他者によって守られたいという心理的依存が私のなかにあると思います。

そしてこのなかでフェアリーゴッドマザーがでてきて、シンデレラを魔法で王子様を魅惑するほどきれいなお姫さまに仕上げてしまう場面は、すべての女の子の永遠の憧れなのではないかと思います。(K・M)

私は、このような学生たちの文章に胸を打たれる。お城に招かれたらきっと私も行ってしまうかもしれない。結婚だけが幸福ではないといわれても、なにがほんとうの幸せかわからない。自分の居場所がほしいから結婚しかないだろう。そういう感想には若い女性のほんとうの思いが現れている。結婚して家庭をもつことしか社会に居場所がないと彼女は思っているのである。「居場所」ということばが胸にしみる。女性の居場所は結婚した家庭の中にしかないと一八や一九で、もうそう思っているのだろうか？　どうしてこの広い世界のすべてが彼女らのものではないのだろうか？

2　批判的な感想

ここでは、批判的にストーリーを見ることのできる学生たちが、自分の考えたことを自由に書いている。たいへんみごとな文章が多い。

「幸福のかたちはひとつではない」
私も王子様に憧れていたけれど、自分のやりたいことを成功させたりするほうが幸せだと思う。幸せだと感じることはひとによって違うと思う。だから、母親がそう思っていても子供はまた違う価値観があるので、ひとそれぞれに判断して決めつけないほうがいいと思う。（M・M・Y）

「すべては外見の美しさ」

この物語ではすべてが外見できまっている。まず王子様がシンデレラを一目みただけで気に入り、すこし踊っただけで結婚をきめている。もしシンデレラがはなしにならないほどの極悪人だったら王子様はどうするのであろう。美しいというだけで、どこのだれでもかまわないということはずがない。

継母がシンデレラを憎む理由は、「自分の娘より美しいから」である。なんと外見にこだわった話だろうとつくづく思った。これは教育によくない物語だと私は思いました。

（M・S）

「ヒロインの条件」

私は自分がシンデレラにどこかで憧れているにもかかわらず、あれは美しい歌声と美しい顔をもった、ダンスも踊るシンデレラだから成功したので、普通の顔に歌もうまくなく、ダンスも踊れない娘だったら王子は気にもとめなかったであろう。逆にいえば、美しい心をもった前向きの少女でも、美人でなければむくわれないということです。一目ぼれというと聞こえがいいですが、外見にひかれただけで心のなかまでは知りません。

王子様は豪華な部屋、おいしい食事、美女しか知らないのです。お城とは美しく、優れていて、権力のあるものの象徴です。お城にはそれと同等のものしか入ることは許されない感じがします。不公平な上に、シンデレラがお城に入る条件は美人ということだというとです。それがヒロインの条件です。(T・R)

「幸福の条件」

この話のメッセージは、男は金をもっているのがよく、女はそういう男と結婚して贅沢なくらしをするのが幸福だということである。(I・J)

「あさはかな物語」

私がシンデレラを見て、一番気になったことは、ハンサムでスタイルがよくお金もちの男と結婚することが一番いいことだということが、あまりにも露骨に描かれていることである。またハンサムな王子様も美人のシンデレラもきまって性格がいいのである。

これは容姿のいいひとは性格もいいということを思い込ませることになり得る。それがあたっているかといえば必ずしもそうではない。みかけがよくても性格が悪い人はけっこう多い。だからひとを外見で判断するのは危険である。そしてシンデレラはそのことをまったく無視したあさはかな物語である。

こういう物語を小さい頃から見たり読んだりすることによって、男の子はきれいでスタイルのよい女のひとが一番だと思い込む。女の子はかっこよくてお金持の男の人が一番だと思い込む。

美しくない男女の美しい物語のほうがむしろいいのではないだろうか。みかけが美しいだけの物語より、人柄や生き方がすばらしい人間の物語をつくり、子供たちに聞かせるべきである。（S・A）

「他力本願」

美人でみなに愛されてかっこいい王子様にみそめられて人生がハッピーエンド。これはうらやましく仕方がない。そしてハッピーな気分になったあとで、怒りを感じた。だれかにやってもらわないとひとりではなにもできないからだ。（U・H）

「理想の女とだめな女の見本」

シンデレラは男性が求める女性のすべてです。美しい顔をしているのに召し使いのように働き、洗濯をし、食事を造り、家のすべてを任されています。

しかし姉たちは働かず、みにくく、いじわるです。これは男からみて理想的なのはシンデレラで、そうでないのは姉たちということです。その結果、男性にとって理想的な女性が幸せになったということです。親などが女の子に求めるものは、かわいらしく、家事を任せられ、いつかは幸せな結婚をするということを強く望んでいるのではないかと思う。だから世の中にはシンデレラのように「召し使い女」が増えているのではないかと思う。

私もそのシンデレラ女性のひとりになりつつあるけれども、ひとつだけ許せないことがあった。

昔小さい頃、私もお姫様になれると思っていたし、いつかは王子様と出会える日が来ると思っていた。しかし大人になるにつれて自分はお姫様にはなれない。王子様に出会えない。魔法使いはあらわれないことに気付いた。

私が許せないのは、シンデレラが舞踏会がおわって魔法が解けたときに「あの（踊った）男性もステキだったけど、王子様にお会いしたかった」と言ったことです。そしてガラスの靴を差し出し、自分が持ち主であることを主張した。踊ったひとが王子様だとは知らなかったのだから、もし王子様がイヤなひとでもシンデレラはよかったのかなと思う。

また魔法が消えたのにガラスの靴はなぜ消えなかったのか？　あの靴にこめられている意味はなんだろう？　私はガラスの靴が意味することは、男性が女性に求めている事（家

事ができて召し使いのように働く女性）が意味されているのではないかと思った。（N・R）

「女の戦い」

これは義母、義姉とシンデレラの女の戦いである。

この戦いの目的はハンサムでお金持ちの王子様と結婚するためである。

また自分で靴を履いたのも、自分こそハンサムでお金持ちの王子様と結婚したいと思ったからである。外見やお金にこだわっているのはシンデレラも義母も同じである。（K・A）

「父親はなにをしている？」

シンデレラの話で、なぜシンデレラがこんなにも辛い思いをしなければならなかったかというと、おとうさんの責任なのだ。シンデレラの幸せを考えていたのなら、そんな軽率な再婚をしなかったであろうし、もしかすると金持ちの女だから再婚したのかもしれない。

信じていれば幸福になれるということは大賛成で、これはクリスチャンの教えでもあり、アメリカ的な考えであるともいえる。（G・A）

「シンデレラの下心」

シンデレラという物語でまず最初に感じたことは、男性の女性に対する評価は外見だということです。一方ブスの姉のほうはブスだということで嫌われます。

またシンデレラのほうも、背の高い男性と踊ったのに、王子様と会えなかったことを残念がっています。性格のいいかわいそうな女の子だといいながら、姉や母と同じように王子様を狙う下心のある女の子だったのです。（K・S）

「ドレスアップしなければ愛されないのか？」

私が一番強く感じたことは、どうしてまわりにあわせて自分を変えてしまい、そこまで王子様の望む女になってしまったのかということである。私は以前からそのことが不思議で理解できなかった。王子様は若くて美しい女性を探していた。王子様は女性を美しさで探していたのだ。シンデレラも美しくなければ自分はあいてにされないと思い、ふだんの自分ではない姿で無理をしてでも王子様に会いに行く。シンデレラも男には外見で判断されてしまうことを充分に知っているのだ。私はこれはとてもむなしくて悲しいことだと思う。他に自分の見てほしいところはなかったのか。（S・M）

「わがままで自己主張の強いシンデレラ」

グリムの童話でシンデレラをよんでいたけれど今回はじめてアニメをみた。アニメには魔法をかけられて自分までシンデレラになったような気にさせる効果があった。わくわくしながら見ていたが、物語が進んでいくうちにシンデレラに対して怒りと呆れが出てきた。まずなんであんなに継母のいうことを聞いて召し使いのように働いていたのだろうか。もうすこし反抗心があって家出してしまうくらいの反抗心があってもいいのではないか。それにはやはり家柄というものがあって、辛抱していれば貴族の家の娘であることに違いはないわけだ。お城から舞踏会への誘いがきてその情報も耳にいれることができるし、運よければ自分も一緒に行けるかもしれない。

ただの町娘だったら舞踏会なんて夢のまた夢になってしまう。

つぎに強く思ったことは、シンデレラはなんて自己中心的な子なのだろうと思った。妖精がシンデレラの望みをかなえようとして立派な白馬や馬車に変えたりしているときに、シンデレラは「私のドレスをなんとかして!」といわんばかりだった。この態度はひとになにもかもやってもらうのがあたりまえというふうで、頼んでやってもらうようには見えなかった。

「かわいくて美人だったらなんでもやってもらえる」とみている女の子は思うだろう。

（U・H）

「わざと残したガラスの靴」

階段でガラスの靴が脱げてしまい、しかたなく置いてきたように描いているが、ほんとうはすべて計算していたのだ。なにかひとつでも残しておけば、必ず自分を探してくれることも知っていたにちがいない。王宮の家来がシンデレラの家を訪問したときのあの笑顔がすべてを物語っている。かつて彼女ほど頭のいい、ずる賢い女がいたであろうか。（Y・K）

「無責任なことを言ってはいけない　夢が必ずかなうなどと」

シンデレラが魔法使いに泣きつくシーンは子供たちに悪影響をおよぼす。泣いてさえいればあわれに思ってだれでも助けてくれると信じているような気がしてならない。「信じていればいつかきっと夢はかなう」なんて間違っても口にしてはいけない。

もしそうならなかったら説明のしようがないし、子供の心を踏みにじることになる。責任のとれないことは言ってはいけない。（Y・K）

「このままではいけない」

今みて感じたことは、このままではいけないと思った。シンデレラを見る女の子が少しでも疑問を感じてくれればいいと思った。夢がなくなっていくような気もするけれど、その求める女の子の夢がシンデレラのような女性にいつかなることなのか？

私はそうはなりたくないと思った。私のように思う女性が増えたら、プリンセスもののはなしや映画はなくなってしまうかもしれない。でもそんな世の中になったとすれば、その日が男性と女性がおなじように対等に扱われるようになった象徴になるのではないかと思う。（N・R）

「待っているということ」


待っているあいだは自分では何もできない場合が多い。「どんなに辛くても夢を信じる」ことはできたし、それを信じているからこそ待つこともできた。しかし自分で辛い状況から抜け出すこと、家を出ることはできなかった。彼女は幸せの訪れを待っていたために、自分の力で自分の望む状況をつくれるということを忘れてしまったのではないだろうか。

（N・S）

「もし妖精がこなかったら」

もし妖精がこなかったらシンデレラは王子様と結ばれたのだろうか？　自分ひとりの力じゃ幸せになれないのか？（N・R）

「実はみんな夢」

シンデレラは「悲劇のお姫さまストーリー」の典型的パターンである。継母、父の死、継母そっくりの義理の姉ふたりによるいじめ。

この物語の最大の問題点は彼女の「辛抱強い精神」。本当は一番大きい顔をしてくらしていていいはずなのに、彼女は美しいがゆえに心も容姿も醜い継母や義姉に妬まれ、お手伝いさんとして働かされている。その働かされ方、態度、言葉は人間に対して使うことばではない。それなのにシンデレラはなにごともなかったかのように平然とした顔をしている。なぜ彼女の精神はこんなに強いのであろうか？

一二時をまわったときにすべてがもとにもどってしまう——それは夢から醒めたのににている。舞踏会も王子様も実は夢である。

アニメはこどもに夢を与えるビジネスである。こどもたちは「信じていれば夢はかなう」というシンデレラのことばと、「醒めてしまっても夢は楽しいものである」というこ

とを学習するであろう。（O・M）

「ガラスの靴」

お話のキーワードとなったガラスの靴は、シンデレラの「自分で生きる意志」の扉の鍵です。足に入ったとたんにその瞬間から、シンデレラの人生は始まったのではなくて、おわってしまったのです。ロックされてしまったのです。一見幸せそうに見えますが、実は自立できない女性になってしまったのです。（T・R）

「デカイ足」

なぜ姉娘たちはあんなに足がデカイのだ?!（S・M）

「王子様が愛したのは小さい足だったのです」

王子様はシンデレラというひとを愛していたのではありません。もし愛していたら自分で彼女を探しにいったと思います。家来にガラスの靴を持たせてこの小さい足を捜せといったのですから、王子様が愛していたのは小さい足だったのです。（?）

「ガラスの靴はなぜ消えなかったのか？」

私は今度、シンデレラのテーマが女性の性をコントロールするものであることを確信した。「ガラスの靴」はシンデレラ自身を象徴している。

おさない頃に、おそらく誰もが抱いた疑問がある。それは「ガラスの靴はなぜ消えなかったのか？」という疑問である。一二時の鐘が鳴り響き、シンデレラが舞踏会から姿を消した後、馬車はかぼちゃに、馬はねずみに、「ガラスの靴」をのぞいたすべてが元の姿にもどってしまう。おそらく、このシーンでは、馬車（財産）、ドレス（外見）は「ガラスの靴」にはとうてい及ばない、みせかけのもので、「ガラスの靴」は「純潔」であり、財産や外見よりも大事であり、だれも犯すことができないといおうとしたのではないかと思う。「ガラスの靴」が表すものは「純潔」である。ガラスはその透明さから純粋さを、靴はその形から女性性器を表している。シンデレラがガラスの靴の持ち主であったということは、彼女が純潔だったということを表している。女性は純潔であることが求められるという家父長制社会の理想にあてはまったために、シンデレラはハッピーエンドを迎えることができた。この物語は間接的に、女性は純潔を守り、辛抱して家事をよくやっていると、男性に選ばれて幸福な結婚ができて、人生に成功するのだということを私たちに示している。「ガラスの靴」は消えなかったのではなく、消えてはならなかったのだ。男性にとってガラスの靴は消えてはならないシンボルなのである。

私たちはだれでも「シンデレラ・コンプレックス」をもっているといわれる。私もそのとおりだと思う。しかし、私たちにはそれともう一つ「ガラスの靴コンプレックス」をも刷り込まれているのではないかと思った。純潔であれば、そして社会に自分をあわせれば幸せになれるというコンプレックスである。

こうした家父長制的思考のもとに加工し、編集されたアニメ「シンデレラ」は、女性のセクシュアリティーをコントロールする危険性を十二分に孕んでいるのである。（H・K）

この最後の文章を書いたのは、二年間ジェンダー文化論の講義を受講してきた三年生である。ジェンダーの用語を知っていて、表象分析の方法も知っており、「なぜガラスの靴が消えなかったか」というエッセイになっている。「靴」が女性性器の象徴であることは常識になっている。またガラスの壊れやすさが処女性の隠喩であるとされてきたが、「透明さ」が処女性のシンボルであることはいままであまり指摘されていない。それはキリスト教美術史の図像学における聖母マリアのシンボルである「透き通った鏡」、または、十六世紀のイタリア画家パルミジャニーノが描いた「純潔受胎（長い首の聖母）」のなかの、透き通った壺のシンボルがあるだけである。この学生はさまざまな知識をあつめてこのような解釈をおこなったと思うが、管見のかぎりでは、出版されたシンデレラ解釈のなかにこういう解釈はまだ見ていないので、独自の解釈であると思われる。これを総合すれば、ガラスの靴とは小さくて純潔な女性性器ということになる。

また私を驚かせたのは、「王子様が愛していたのは小さい足だった」と書いた文章である。この感想文は二〇〇一年の冬の集中講義を受講した学生が書いたもので、本書を書くときにはたぶん本人に返却したのか、写しが残っているだけで、筆者がわからなかった。イニシャルを書くことができないのをすまないと思い、また残念に思う。この本が出れば名乗ってきてくれるだろう。

この文章の鋭さは私に深い印象を与えた。人間としての真摯さや能力ではなく、肉体の特徴によって男性に愛される、それが女性の幸福であるという社会の通念を教えるこのシンデレラの「靴と足」の話に対して、この文章は冷徹に「王子が愛したのはひとりの人間ではない。彼の好みの肉体である」と言い切っている。このような批判力と知性をもった学生はけっして彼女ひとりではない。この年齢（一八歳から二〇歳）になるまでに、真剣に生きてきた女性たちの多くが、いまの社会での女性の遇され方、見られ方によって苦痛をあじわい、矛盾を感じ、苦悩してきたのである。「王子様はシンデレラというひとを愛していたのではありません」。そのことばには、男性が、ひとりの人間ではなく、性的にみて好もしい対象として女性を見ていることへの苦々しい批判が示されている。

3　シンデレラと女の仕事

シンデレラに対する学生たちの批判はそれぞれに個性があるが、およそ四点にまとめることができる。

第一は、シンデレラが王子に愛されたのは彼女の何らかの人間的なよさのためではなく、身体と衣服の美しさという外見だったことへの批判である。第二は、シンデレラが身分が高く外見のよい男と結婚して社会的階級を上昇しようとした点では、継母や義姉と同じ価値観をもっていたにすぎない、という批判である。第三は、何ひとつ自分で努力せずにすべてを他人にやってもらったというその受動性への批判である。第四は、彼女が召使い女のように屈辱的な状況に甘んじていることである。その中でユニークなのは、シンデレラを「召使い女」の類型とみた批評だ。

マドンナ・コルベンシュラーグは『眠れる森の美女にさよならのキスを』の「シンデレラと女の仕事」の中で、シンデレラが継母と義理の姉たちのために台所で召使いのように酷使されているが、その従属的でなんの喜びもない仕事がこの話の主題だと考える。彼女はなんの喜びもなくきつい労働に耐えているのだが、マドンナは、それは多くの女性が洗脳によって「補助的仕事」に耐え、「奉仕すること」に意味を見出している状態と同じだと書いている。サービスが女性の天職だと多くの女性は洗脳されている。実際、シンデレラは喜んで継母や姉たちのウェイトレスの仕事をやってのける。そしていつか魔法によって解放され、男性が救いに来ると思っている。それは多くの補助仕事にしたがっているOLと同じである。

だが、ひとりの学生が書いているように、彼女は自分から運命を切り開こうとはけっしてしない。それは多くの女性がリスクを負うことを嫌い、選ばれるのを待ち、未知にむかって行くことを恐れ、成功することを恐怖しているのと同じだとマドンナは分析する。自分の状況を改善することができないように羽をもがれた女性たちの姿がここに浮かび上がる。そのような「補助労働者」「サービス業者」心理は、女性に深く内面化されているのだが、それでも、運命を切り開くために行動するよりは、彼女らにとってずっと楽なのである。唯一の運命の開拓は、男性によって選ばれ、見出され、命令されることである。そしてそのような女性が物語のヒロインにふさわしい。それは男性にとってたいへん都合がいいからである。そして従属することを願っている女性にとっても、それは理想の物語になる。

すこし毛色の変わった批評は、イギリスの作家アンジェラ・カーターの『シンデレラあるいは母親の霊魂』（富士川義之、兼武道子訳、筑摩書房、二〇〇〇年）である。童話の読み解きや再解釈で著名なこの作家のシンデレラ解釈は、とても斬新で示唆に富んでいる。

アンジェラさんは、まずこの物語のなかのシンデレラの姉娘に注目する。彼女たちは、ガラスの靴を履いて王子と結婚したいあまりに、自分の大きい足を切ってしまう。もっともこの流血事件はアニメでは省略されているが。この娘たちに起こったことは、「身体の一部を切り取られてしまう」、つまり「身体を変形することで何かの型にはめこまれる」すべての女性たちの寓意である。

すぐ思い出されるのは、かつての中国での纏足、イスラーム社会の一部で今日も行われている「幼女割礼」である。実際に切り取ったり、変形したりすることはなくても、西欧で近代までおこなわれていたきついコルセットや、すこしはよくなったが依然として使用されているかかとの高いハイヒール、窮屈なスカートなどもその延長上にある。女性たちは「王子様」の気に入るために自然な身体を変形し、その苦痛に耐える。苦しいダイエットもその部類である。

アンジェラさんが次に注目するのが、シンデレラの死んだ母親である。この母親は死んではいるが、自分の夫の妻になった後妻、つまりシンデレラの継母と敵対し、シンデレラを陰ながら守り続ける。グリムでもペローでも、シンデレラの父親は「ある富裕な男性」で、どうやら宮廷とも関係のあった人物である。

そこでここではふた組の女性群が、二人の男性をめぐって争う物語として「シンデレラ」が把握される。ふた組の女性群とは、シンデレラとその生母の霊魂、継母とその娘たち。二人の男性とは「死んだ富裕な男――父」と「王子」である。

最初のたたかいは「父」の遺産をめぐってはじまる。継母がシンデレラを「灰かぶり」というあだなで呼び、つまり、彼女のほんとうの姓名を彼女から奪い、彼女を寝室から追放して台所で眠らせ、召使いのようにこき使ったのは、この家の遺産相続者は自分の娘たちであることをはっきりさせるためである。

ここでアンジェラさんは、学生のひとりが気付いたように、「父親の不在」に注目する。父親はなにも気付かない。彼は「姿のない統一原理」であり、女たちを争わせるために不在である。もし父親が不在でなかったら、シンデレラの不幸はなかったのである。この父親には継母があたらしい妻だから、シンデレラを守るのは死んでしまった母親の霊魂だけということになる。

グリムではこの父親が旅行にでかけるとき、三人の娘にそれぞれが希望したお土産を買ってくるが、そのときシンデレラはハシバミの枝を頼み、それを死んだ母親の墓に植える。その木に母親の霊魂であるキジバトがやってきて、シンデレラを助ける。実際グリムの童話では、金色の衣装をシンデレラに与えて舞踏会に行かせるのもみなこの木と小鳥なのである。それに、足を切ってガラスの靴を履き、お城にむかう姉娘にむかって、「靴が血まみれ!」と叫ぶのもこのキジバト。つまりグリムの原話は、アンジェラさんによれば、夫を奪われた妻が、死んでも霊魂となって娘を守り、継母の娘を退けてついに娘を玉の輿にのせたというお話になる。

現代のマスメディアであるアニメは、暴力とエロティシズムを、青少年の精神衛生を守るという公的な立場から基本的に削除しているので、グリムやペローの原作(厳密にはこれらも原作ではない)とは非常に相違がある。そのために集団的な意志の表象であった話の意味が曖昧になったりしているが、その基本はかわらない。

グリムでは、死んだ母親の霊魂がシンデレラに王子との結婚という勝利をもたらしている。娘をどうしても玉の輿にのせたいという母親は現在もたくさんいるだろうから、この話はけっして古くなっていない。その上、女たちがふた手に分かれて地位と財産のある男性を奪い合うという修羅場も別に珍しくない。しかしアニメではそういう点は強調されていない。しかし、双方に共通するメッセージは以下の三項目である。

○他律的な女性の人生設計——理想の男性を待ち、これと結婚し、その地位財産を自分のものにすること。これが女性の「幸福」。

○社会上昇志向——階級の高い男性との結婚によって低い地位の女性が階層を上ること。これが女性の「成功」。

○幸福になる女性の条件

・白い肌　赤い唇　黒い髪
・小さい足
・孤児（かわいそうなよるべない境遇）　男性の保護と優越性を確認させる。
・働き者——家事をよくやる。
・素直　従順　明朗　やさしいという性格が勝利をもたらす。

このようにみると、シンデレラのストーリーは、女性の成功は地位の高い男性の愛を得てその保護のもとに入ることである、男性にとっては弱い女性を保護し、救済し、幸福を与えることが理想の男女関係となる。女性を苦しめるのは「悪い女性」で、悪い女性に苦しめられている女性を救うのは男性であるという図式である。これは基本的に白雪姫とかわらない。したがってこのストーリーから、女の子は身体を美しくし、やさしく従順で、かわいい存在でいること、それが人生の成功と幸福を得ることだと刷り込まれる。

この学生たちには、そういう「美しい召使い女」が「玉の輿にのる」というストーリーは、しんから虫酸が走るのである。学生たちの批判している四つの点を裏返すと、彼女らが望んでいる愛のあり方はこうなる。

第一に、外見や身体の美しさだけではなく、人間の全体を愛してほしい、性的なオブジェ（小さい足）にされるのは耐えられない。第二に、自分は、外見や身分の高さではなく、人間としてすてきな人を愛したい。第三に、自分の力で運命を切り開きたい。第四に、召使い女にはなりたくない。

コレット・ダウリングの『シンデレラ・コンプレックス』が出てからもう二〇年になる。若い女性の意識が少しずつ変化しているのは当然かもしれない。

第五章

「眠り姫」を読む

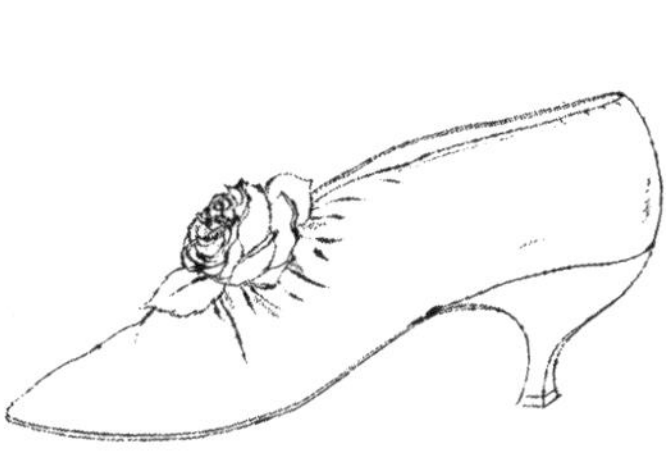

さてこれが最後のアニメになった。講義はまだまだ続き、このほかにも多くのアニメを見たのだが、本書ではこれが最後になる。

あらすじは以下のようなものである。王女が誕生した。祝宴に招待されなかった妖精または仙女がその子の一六歳の死を予言する。しかし招待された妖精または仙女が、「死」を百年の「眠り」に変える。王女は予言どおり一六歳のとき紡錘で指を突かれて眠りに落ちる。宮殿全体も眠る。百年後、いばらを破って城に入ってきた王子が、姫の美しさにうたれてキスすると、姫は目をさまし、王子と結婚する。

物語の要素は以下のようにまとめられる。

○長年の不妊のあとの美しい女の子の誕生。
○忘れられた神、または妖精、嫉妬深い女王など。
○復讐の呪い。
○死を招く紡錘　思春期にそれで指を刺す。
○百年の眠り　よい妖精のはからい。
○通り抜けることのできない茨の道。
○王国全体の眠り。

○眠り姫とその王国を救済する王子の出現。
○眠り姫を目覚めさせる王子のキス。

前に紹介した片木智年さんの『ペロー童話のヒロインたち』によると、ペローがこの話の原作者ということになっているが、これに先立って十四世紀に書かれたとされるフランスの中世文学『ペルスフォレ物語』のゼランディーヌという話、またそのすこし後でカタルーニア語の韻文、十七世紀前半のイタリア人のバジーレの「ペンタメローネ」のなかの、「太陽、月、ターリア」であり、姫が眠っているあいだに、王子の一方的な愛の行為によって眠ったまま身ごもり出産する、というのがこれらのお話の筋である。

これはこれで非常に意味深い話であって、片木さんが引用しているマルク・ソリアノの分析では、これは処女であり母である聖母の暗喩だということである（Marc Soriano, Les Contes de Pèrrault, Edition revue et corrigère, Gallimard, 1977, p. 26.)。聖母は何も知らず、何もせずにみごもったからというわけである。ところが別の見方からすれば、これは一方的なレイプの物語であって、「眠っている」、つまり性というものがきちんとわかっていない娘を一方的に性の対象にしてきた男性たちの歴史が刻まれているのである。しかも原作では、王の正妻がそれを妬んで、生まれた子どもを殺そうとするというサスペンスものになっている。

このようにプリンセス物語が中世に発生してきてから、今日の社会でマスメディアによって消費されるまでの筋書きの変遷はおおいに興味があるが、今私が問題にするのは、現在生産され消費されている筋書きであり、またそのメッセージである。

1　時間よ、止まれ！

ジェンダーの草分けの哲学者、シモーヌ・ド・ボーヴォワールは『第二の性』で白雪姫についてこう書いている（『第二の性』、「第二の性」を原文で読み直す会訳、新潮文庫、二〇〇一年）。

「女は受容し服従するだけの眠れる森の美女、シンデレラ、白雪姫。歌のなかでも、物語のなかでも、男は美しい姫を求めて冒険の旅にでかけ、龍や巨人を倒すけれど、女は塔や宮殿、庭園、洞窟に閉じ込められたり、岩につながれたり、囚われの身であったり、深い眠りについているだけ。そしてただ待つだけ」。

つまり、ボーヴォワールによれば、ヒロインの「眠り」は女の受動性のシンボルである。

また、ブルーノ・ベッテルハイムの『昔話の魔力』（波多野完治・乾侑美子訳、評論社、一九七八年）は次のように書いている。

「ガラスの棺のなかの白雪姫だろうと、ベッドの上の『眠れる森の美女』であろうと、永遠の若さと完全を願う思春期の夢とはそんなものである。つまり夢をみている状態だ。死の宣告という最初の呪いから長い眠りへの変更は、両者のあいだにそれほどの違いはないことを示している。変化・発展を望まないなら、死と眠りのなかにいるしかない。眠りにおいてヒロインの美貌は凍結されるが、そこには孤独なナルシシズムしかない。外界を排除するそのような自己陶酔のなかには、苦悩がないかわりに、知識の獲得もなければ、さまざまな感情の経験もない」。

この文章は強烈だ。若さと美貌を永遠に保つために、時間をとめてしまいたい、そんな女性の願望をずばりといいあてている。しかるべき相手が出てくるまで、美貌だけを守り、孤独なナルシシズムのなかに生き、鏡に映る「美貌」だけに熱中し、知識を獲得することもなければ、社会とまじわることにも興味を示さない、まさしく「眠った」少女たちがどれほどいるだろうか！

マドンナ・コルベンシュラーグは『眠れる森の美女にさよならのキスを』の中でこう書いている。

「心理学的にいえば、この話は思春期のはじまりと性との直面をわかりやすく語ったたとえ話として扱われる」。

「眠りは思春期（糸巻き棒にさわったあとの出血に象徴されるように）のさまざまな不安に対するナルシシズム的後退とみなされ、他者との積極的な関係がもてなければ、社会的に死んだも同然の昏睡状態に陥ってしまうことをこの物語は告げている」。

しかし、「ペロー及びグリム版では、眠りを力の充電装置として、運命づけられた『他者』との独占的関係を結ぶための静かな準備期間として理想化されている」。

「眠れる森の美女は、第一に受動性の象徴であり。その拡大解釈として、女性の精神状態――つまり男性中心社会における女性の自律性と自己超越（自分が置かれている状態を超えて、自己の真の実現のため行動を起こすこと）からの切断、自己実現と倫理的決断能力からの切断――のメタファー（隠喩）となる。

しかし、この物語には不死鳥のような側面がある。それは女性に『覚醒』と、精神の成熟を喚び起こすダイナミックなシンボルにもなるのだ」。

ここではマドンナさんは理想主義者である。なぜなら、「覚醒した」女性たちの国を、「神の王国」にも似た理想の王国だと書いているのだから。それは私にはあまり好ましくない。王国というのは民主主義者である私には住みにくい。

しかし、この解釈は非常に深いものがある。思春期になって、男性によってほんとうの人生がはじまることを期待し、あらゆることを準備して（ダイエットまでして）それを待っている状態、それはそのときにしなければならないほんとうに自分のための仕事がたくさんあるのに、そのエネルギーをすべて、待つことと、身体的装備に費やしている若い女性たち、それはこの著者がいうとおり、「けっして目覚めることのない眠り姫」なのかもしれない。さて学生たちはどう考えただろうか。

2　素直な学生たちの感想

女子大生は「眠り姫」をどう受けとったか。次のような感想を書いた学生は非常に多い。眠り姫のドレスと美貌、ロマンチックな筋だて、森のなかでの王子との出会い、身分を知らずに愛してくれる王子の愛、かわいくておちゃめな妖精、王女のためにたたかう王子をみて、自分もまた王女のようにすごく愛されたいと思った、理想的なすばらしい物語だと。眠っているあいだにすてきなことが起こり、目がさめるとそこに王子様がいる。このことが若い女性の心をほかのどの物語よりも惹きつけてやまない。

「永遠の愛」

「いつか王子様が現れる……」それは女の子の永遠の夢。子供に夢を与えるという点では実にすぐれた作品であると思う。（O・A）

「待っているのが女の幸福……でも」

私は王子様が眠っているあいだに来てくれるという話はとても好きでいい話だと思う。でも待っているのが女性にとって幸福だと思わせているいっぽうで、男性には姫を助けて人生を切り開いてあげなくてはいけないという使命感を感じさせるのではないかと思う。こういったところから、男性は女性のほうが劣っているように感じるので男女差別をつくりだすきっかけになる。（I・R）

「この夢に賛成」

王子様との結婚が女の子の永遠の憧れで、これは大人になっても変らない思いである。けっしてつくり出された夢などとは思いたくもない。

お姫様は身体がきれいなだけではなく心もきれいだから愛されるのである。心がきれいだと外見もきれいになるからではないか。

お姫様は長い間眠りについていたが、今まで夢をみていたことによって彼女だけが感じるなにかがあったのではないか。

仕事をもって生きてゆく人生も素敵だとおもうが、だれもがそういう人生を送ることはできない。だからそれもひとつのあこがれの人生だと思います。現実はどっちの夢ともちがう。ひとりひとり違う人生なのだから。(N・R)

「長い月日をまっていること」

百年という長い月日が経ち、眼がさめるとそこには素敵な王子様がいた。

これは運命の人と巡りあうにはじっと静かに待っていないといけないという、この時代の女性への教訓だと思う。お金持ちでかっこよくて優しくて勇気のある人を手に入れるためには、辛抱強く待たないとなかなか現れないということではないかと思う。(K・M)

「お姫様物語に影響を受けていた」

この話は、幼いころからとてもロマンチックな話だと感じていた。

私たちは、ともだち同士の会話の中で、「彼氏がほしいよね」ということばを発すると、「別にいいのよ！　だって白馬に乗ったかっこいい王子様が迎えに来てくれるから」ということを言ったりする。このようなことばが自然に出て来るのはやはり幼い頃に見た「お姫様物語」にかなり私自身も影響を受けているのだなと感じた。女性達にとってお姫様という存在が、どんなに大きいものであるか、今回の講義で思い知らされた。（U・H）

3　やや批判的な学生の感想

「姫が誕生したときの贈物は男の子とちがう」

姫が生まれたとき、なぜ妖精たちは、知恵や力を贈らなかったのだろう？　女性は美しくさえあればいいという考えが根ざしていたのではないだろうか。もし王子が生まれていたら、妖精たちは知恵や力といった、生きていく上で重要なものを贈ったのではないかと思う。そう考えると、姫は最初からひとりで生きてゆくのではなく、だれかに愛されて生きてゆくように最初から教え込まれていたことになる。（N・S）

「妖精の贈物のおかげで没個性な美人にさせられてしまった」

妖精たちが贈ったのは〝美しさ〟と〝すばらしい声〟だった。この美しさと声は、男性からみてパーフェクトな女性像のように思われる。このお姫さまは妖精たちに与えられた贈物によって、美しい容貌という女の武器を手に入れたわけだが、もし、このお姫さまが何も手を加えなかったらもっとちがった特異性を見出して、もっとちがった生き方があったのではないだろうか！

私はこのことは、親が子に親の嗜好や考えで習い事をいくつもさせ、親の勝手でなにもかも決めてしまうことでおこりうる、自分の考え自分の個性のない子たちとよく似ているように思う。女性はある時期になると、みんな揃って美しい子も、美しくない子も、おしとやかにじっと、美しい身体だけに磨きをかけて待っている。

私は女性にだって、美しさを武器にしなくても、もっと違った個性で、この世を渡り歩く生き方があるように思う。またそうであってほしい。（I・A）

「この国の人種、国名を銘記せよ」

肌が白く金髪という人種的特徴が不可解。

冒頭に国の名前を書くべきだ。わたしたちは黄色人種なのだから。（G・A）

この学生の指摘は毛色がかわっているが、重大な点を衝いている。というのは、ディズニー・アニメのヒロインがみな「白人」であること、金髪であることが、「美の典型」となって女性たちを呪縛していることは周知の事実だからである。ニューヨークの心理カウンセラーであるリタ・フリードマンの『美しさという神話』(原題は『呪縛の美』、常田景子訳、新宿書房、一九九四年)は、自分が美しくないことに悩む女性たちをカウンセリングして、このように述べている。

「精神はそれほど長い間白紙の状態にあるわけではない。まもなく理想化された女性の美しさのイメージが、深く刻み込まれる。アメリカの文化においては、このイメージは白人をモデルとしている。お伽話のお姫様やミス・アメリカは、ずっと白人だった。この美しさのイメージは、白人以外の女性たちに最も重くのしかかり、格別な負担となっている。彼女たちも、美しさは女性にとって不可欠なものであると教えられ、美しさを探究し始める。だが、自分たちには所詮手が届かないものであることを知るばかりだ。自分たちが微笑んでも唇が厚過ぎる、まぶたの形が良くない、風にふわっとなびくような柔らかい髪じゃない、肌はバラ色に輝かない。

外見至上主義は、性差別や人種差別と一緒になって、主流派から歓迎されざる人々を排除する。これら三つは結びついていて、白人でない女性たちに、三重に有罪であり、三重に逸脱しているという烙印を押すのである」(同書、五〇―五一頁)。

この文章は、アメリカの黒人女性への美の差別について述べているのだが、同じことがわれわれアジア人にもいえる。平均的な日本人は白人に近づくことができるような肌の色をしているので、彼女らはいっそう「白く」なることに必死になっている。美白化粧品は、白くなければならないような脅迫を与える。そのあとは髪を金または茶に変える。彼女たちは気付いていないが、これは彼女らの美意識が、白人が主人公のアニメや白人モデルによってもたらされた「呪縛の美」のモデルによって鋳型にはめられているからだ。

「女性の運命は決まっている」

私は妖精も魔女とともに運命決定の象徴であると思う。(N・S)

「女の敵は女」

現実ばなれしている物語だと思っていたが、実際にあり得る部分もあった。それは女(王女)の敵は女(魔女)だということ。現実世界でも女のバトルは存在している。女はたいていはおとなしいが時として恐ろしい顔になることも事実である。(?)

4 紡錘で刺されることについて

さて、姫が一六歳のときに糸を紡ぐ紡錘で指を刺されて死ぬ、また眠ってしまうという事件については、当然性的な意味があると指摘されてきた。紡錘が男性性器であることはまず疑いがなく、出血は処女の喪失であることも疑いはない。

問題は、一六歳の少女が男性によって処女を失って死んでしまう、という呪いを魔女がかけたということである。このような事件はまず暴行であり、レイプであると考えるしかない。そしてそのようなことは、中世でも、近世でも、現代でも、たえず若い娘をまちうけている危険である。しかし妖精は、彼女が死ぬのではなく、眠りに入るのだ、ということで彼女を救った。このことはなにをいったい意味するのだろう。一人の学生はそれを次のように解析している。

「失敗した性体験とその反省」

死を招く紡錘、思春期にそれで指を刺すというのは、性体験の失敗を意味しているのではないかと思った。なにも知らない姫は好奇心に駆られて階段をあがってゆく。そして紡錘、つまり男性性器にふれて怪我をしてしまった。これは最初の性体験は、あせったり急いだりしてはいけない、必ずアクシデントが起きるという教訓ではないかと思う。(中略)そして姫が眠ってしまい、いばらの森がお城を覆ってしまった。これは罪を犯したことに対して反省期間または潜伏期間だと思う。(K・M)

「紡錘に刺されないように教育したら?」

この場合、問題になるのは眠り姫自身というよりも、眠り姫の父、または眠り姫を教育する者ではないのか。紡錘を国中から無くすよりも、姫に危ないものだということを教育していくべきだ。森に住んで他人と暮らすなんてとても危険だ。

今の教育法にも同じことがいえる。性的なことはほとんど隠されているが、それは今のこどもたちにとってとても危険なことだと思う。学校教育でも家庭でも、性的な教育はなされていない。それこそ性的な年齢にはいったとき、自分でなにも決めることができないのではないか。知識がないと、考えを起こすことや、行動を起こすことができない。だからどうしても肉体に頼ることになる。愛してくれる男がすべての人生だったら、その男が自分を愛してくれなくなったら、なにもない人生になってしまう。（I・J）

この解釈はほんとうに鋭い。アニメのストーリーでは、両親が姫を殺さないために危険なもの——紡錘をすべて退け、あまつさえ少女を森の奥に「隠してしまう」ことが問題になっている。これは少女を「箱入り」にする教育の暗喩だといっていい。性を恐いもの、危険なものと教え、その危険から遮蔽する。つまり性教育をしない。だが、それは最後にまったく効を奏さない。それどころか隠したことによって姫は死んでしまう。なぜならその宿命の紡錘が危険だということを彼女は知らないからだ。性について教えられなかったために、自分を襲ってくる性の危機に立ち向かい、自らそれを防ぐことができなかったのだ。両親は、彼女が自分の「運命」に挑戦すること、自分で自分の身を守ることを教えない。

もしも運命に挑戦することを教えたり、性についてきちんと学んで、自分で自分の身を守ることを教えたりしたら、彼女は「女らしくない」女になってしまう。女らしい女は、無知で、いつでも男に守ってもらう女でなければならない。女が女らしく弱くないと、男は男らしく強いということを自覚できない。それは「秩序」の崩壊だ。

準備がなされていない時に起こるアクシデントのような事件や体験、それは少女を致命的に傷つけ、外傷感や罪悪感、そして自己嫌悪に落とす。この谷底からはいあがってくるのは非常に大変だ。そのとき少女がやることは「忘れること」である。なにもなかったと自分に思い込ませるために、自分の記憶を眠らせることである。

性暴力への憎悪、いや憤怒の思いは、私たちすべての女性の教育者が深く深く抱いているものだ。大学の教師をながくやっていると、どれほどの犯罪が少女たちになされているか、そしてその傷が成人に達した後でおもいもかけぬある時期に噴出して、人生のすべてを崩壊させてしまう事態となるかを、いやというほど知っているのである。教師には守秘義務があり、精神科医も同じだ。しかし、私たちはもっともっと、少女を自己の欲望の犠牲にしてはばからないこの世界の男性の「人類史的犯罪」について、声をあげるべきだと思っている。また少女たちにもいかに戦うか、いかに警戒するか、いかに防御し、主張すべきかを教えるべきだ。

なにも知らぬまま、つかのまの欲望の犠牲になった少女たちは、その人格も、自分自身の尊厳も、すべてを失ってしまう。多くの女性が、鬱病その他の死ぬほどつらい心の病いに長い間苦しむ。そしてしばしば自殺する。だから性暴力は殺人と同様の犯罪なのである。

このような性犯罪は、実は男性中心型社会、男性の性の暴力性を基本において肯定する文化があるかぎり、絶対になくならない。

この男性中心型社会では、文化も教育もすべて男性中心である。彼らは男子に、「女性を暴力で犯してはならない」という「教育」をしない。女子にのみ、「ひとりで森を歩くと襲われるよ」と教える。「男は狼だ」と教える。男子に「人間は狼であってはならない」とは教えない。しかし、女性もまた人間としての尊厳と権利をもつ独自な存在であって、男女の性的関係は、その平等な人間関係を基礎としておこなわれなければならないことを教えなければならないのは、むしろ男子に対してである。

最近、小学生や幼児に対して性を教えるジェンダーフリー教育が週刊誌等でしきりに批判されている。その趣旨は、「五歳の子には早すぎる」とか、「露骨すぎる」とかいうものだ。では、彼らは、五歳の子に暴行を働く犯罪者に対して「早すぎる」と言ってやめさせることができるのだろうか？　無知であるが故の被害者が、年間どれほどいるであろうか！　しかも、責任のある教育者が科学的な性を教えることをやめているいっぽうで、暴力的な性文化が巷にあふれ、テレビやテレビゲームにあふれている。女性の人格を無視して、それをただの性の対象としてみるような文化があふれていては、男子が成人に達したときには、すでに古いタイプの女性観が刷り込まれていることになってしまうのだ。

いっぽうで無知のまま防ぐこともできず、「眠ったまま」で傷をうけた娘は、記憶と意識を消してしまう。そして自分を保護し、すべての危険や不幸から守ってくれる夫となるべき男が、その深いいばらを破ってきてくれるまで眠ってしまうのである。

「もう傷つけられることはない」

王子様が眠っているお姫様を迎えにきてくれるのは女の子の永遠の憧れだから、真実の愛のように感じる。百年という月日のながさ。

「もう失われるものはなにもない」という思い、これこそ少女が求める真実の愛。

「もう傷つけられることはない」という思い、これがハッピーエンドなのである。（K・M）

5　プリンセス・コンプレックスにかかかっているのは男性のほうである

「男の子が問題」

男の子もまた、髪の長い、しとやかで上品でスタイルのいいお姫様によって理想の女性像をつくりあげるのだということを、不覚にも私はさとらなかった。そのおかげで女は苦労しているのである。（Y・K）

「男のプリンセス像」

男が外見で女を判断するのは、男がプリンセスもののアニメを見て、「プリンセス像」をつくっているからだ。だから女性が男性を振り向かせたくて外見を磨くのは、もしかすると原点がここにあるからではないだろうか。

整形美人のような完璧な美人、「姫＝美人」という固定観念が許せない。

それに上品でおしとやかなのも困る。たまには気の強い姫がいてもいいと思う。美人でおしとやかな女の子という「理想像」をふりかざしてこられる女の子も実に大変である。

（Y）

「身分ちがい」

男性の結婚相手の条件は美貌であって階級制は問われない。

しかし、お姫さまは下層の男とは結婚しない。いい婿さんをもらえば幸せになれるという、女性は相手に養われるものだという考えがあるかぎり、身分の低いものと結婚するのは王子なら許されるが、王女には許されなかっただろう。（N・S）

6　プリンセスとプリンスの非対称

「遠くに行ってはダメ」という女の子への教育

王子と王女の人生は対照的である。真実をなにひとつ教えられぬまま、森の谷間の小屋で「遠くへ行ってはだめよ」と妖精たちに守られ、つつましく暮らしている王女。禁断の山で捕われの身となったが、武器を与えられ「幾つもの危険をひとりで乗り切って」といわれて魔女に立ち向かうことを教えられ、指針をあたえられながら城へむかう王子。とど

まっている王女と、前進する王子。その差は歴然である。（A）

「お姫さま　自分で目覚めなさい」

男の子は強くなくてはいけないという偏見。男の子は強く、女の子は（たたかいを）見守っているという男女差別である。これによって男は女より強い。だから女の子はみんな男に従わなければならなくなってしまう。眠り姫もどうにか自分で覚めようとするシーンを加えたほうがいいと思う。男女が助け合うというのが大切だと思う。（M・M・S）

「家父長制」

アニメのなかで、語り手は物語の冒頭で、「王子と王女が結婚することで両国がむすびつくことを願っていました」と語るが、そこには家父長制社会のしくみがとても巧みに表現されている。また王女の一六歳の誕生日に両国の王が酒を酌み交わしながら、「王子と王女が結婚することでお家は万々歳」と言っていることからみても、王家の維持、国家の安泰がここでは問題だとわかる。このときふたりの王は孫の話までもちだしている。また王は「すばらしい花嫁」というところを、「すばらしい母親」といって侍従に「花嫁です」と注意されている。

結婚してハッピーエンドという結末も、ふたりが幸せになるというのではなく、血統が守られて、子孫が継続し、国家は安泰であるということなのだ。（I・S）

「眠り姫の問題点」

白雪姫と同じように、女性は男性より劣っているという考えが根底にある。さらに、女性は男性に人生を決められる存在だとしていることが問題である。（中略）なかには一生受動的で幸福に生きるひとがいるかも知れない。だがそのような生き方もあるというように、一例として示すようにしなければならないと思う。そうしなければ、女性は誰でも男性に人生を決めてもらう受動的な一生を送る事が一番幸せなのだと、幼い時期に無意識に刷り込まれてしまう。このような「刷り込み」が少なからず女性の自立のさまたげとなっているのではないだろうか。（N・S）

「永遠に眠り続けるという危険な事態」

実際世の中の女性のだれもが、いつか顔の整った優しい王子様が迎えに来てくれることを夢見て、ずっと待っていることがあっても、現実には、理想の王子様は迎えに来てくれない。だから永遠に眠り続ける。そんな危険な事態が起こることだってあり得ると思う。

小さい頃は私もお姫様に憧れて、いつかは王子様が迎えにきてくれる日が来ると夢見ていたけれど、いつの日にかそんな考えはどこかに飛んで行ってしまった。きっと現実にそんな出会いがないことはわかっていたし、そんな育ちでもなかったからだ。でも、そのほうが私には合っていた。自分のやりたい様に制限されることなく生きてきたし、自分の判断で人生を決めてこれたから。そんななかで運命の出会いをお姫様のように待つのではなく、自分で見つけ出したいと思う所です。（N・S・T）

「夢をみさせ過ぎだ！！！！」

百年眠っていたら髪の毛とか臭いだろうし、服もからだも洗ってないし。王子様が百年後にキスしにきたとしても、臭すぎて嫌いになるじゃないのかな⁇（笑）

……しかも大体、この世に王子様みたいにかっこういい人なんていないと思う。大体童話は私たちに夢をみさせ過ぎだ‼

私もそういう童話は好きだったし、かっこいい王子様もいるとずっと思いつづけていたけど、この一八年間生きてきて、王子様みたいなひとは一度も見たことがない。あの童話に裏切られたとショックと怒りにみちあふれました。（S・A）

「すご腕のお姫様」

お姫様はすごいと思った。眠っただけで王子を手に入れたのだから、彼女に一度聞いてみたい。「お仕事はなにをしていらっしゃるの？」。（I・M）

「お姫様物語の主人公は王子様」

様々な「お姫様物語」は、題名では女性が主人公になっているが、中身をみてみると、その物語の真の主人公は王子様である「男性」であることは明らかになる。

この物語はいわば、「魔女の呪いで眠ってしまったお姫様を勇敢でハンサムな王子様が助ける」という設定。言い換えれば、「お姫様は王子様があらわれなければ助からない」ともいえよう。つまり、お姫様は平安時代の「通い婚」の女性のように「待つ身」の存在といえるであろう。この制度じたいが男性を優位な位置に立たせ、女性を男性の下の身分においていることの証明なのだ。また王子様が助けにくることは姫が「弱い存在」、「一人では何もできない存在」ということを表している。

三つの物語は、結局結婚に行き着いています。でも現実じゃ、結婚のあとが大変なのに、そのさきを作らないのが男たちの作戦だろうと思う。結婚後の育児、家事などを見せず、

いかにして美しい女性を手にいれるかという詐欺的な話を聞かされてきたと思うと嫌になる。（Y・N）

「女の運命」

運命は決まっているのだから仕方がないと思い込ませる教育は、ただしい教育なのか。（U・T）

女の人生が男によって決められるというのはおかしいと思います。それは男がすべての決定権をもっているということです。それでは人権も男女平等もあったものではありません。お金もちの王子様との結婚は貧しくなく何不自由なく暮らせます。しかし、結局、王子様にすべてを任せた生き方、すべて従う生き方になると思います。それでは一生女が身体も心も自由にはなれないと思います。（S・A）

「いつまでも幸せにくらしました」――それはむしろ「不幸」

王女様はうまれてから、俗世間から離れて全く他の男を知らずに、はじめて出会った王子と恋に落ち、そしてその王子様の運命のキスで呪いからさめて結ばれる。彼女はうまれたときから決められた運命にそのまま流されてゆくのだ。これは昔の女の物語である。時代がかわり、男女という性別には関係なくひとりの人間として生きてゆくことが重視されて、実現されていない面もまだあるが、みなが自分で選んだ人生を生きてゆくことを望むようになった。

「お姫様は王子様といつまでも幸せにくらしました」と物語はおわるけれど、その幸せというものはあくまでも過去の時代の幸せに過ぎず、今の時代では虚しいものにかわり、むしろ不幸といっても過言ではないように思いました。（M・M）

「不安な人生」

私たち女は、眠り姫のような人生が一番幸せになれる道であると教えられ、またそう生きることを強要される。女はうまれた時から美しさを求められ、美しければ未来が明るく、逆に美しくなければその女の子の人生はお先真っ暗で、これでは嫁の貰い手がないと両親は歎く。いい男をつかまえることが最大の幸せであり、そのためにいかに自分を磨くか。それは、内面を磨くのではなく、美しく若く見られることに精を出す。……もしも人生の終着点が結婚ならば、結婚をしてしまった女の人生はおわりなのであろうか。

人生とは自分の使命を全うすることなのではないだろうか。幸せとはあくまでも自分自身が納得し、満足できる生き方をする中で築かれていくものであり、他人から与えられるものではない。自分の命綱が男に握られているのなら、それは毎日が不安でしかたがないだろう。だっていつ男が命綱を切ってしまうかわからないのだから。だから女は男に尽して、何とかして命をつないでもらうように懸命である。他人に握られている綱ほど信用できないものはない。自分で切れないように頑丈な綱にするために何年かかっても編んで太くしてゆき、それを絶対に切れないように自分で固定するほうが安心できる。

眠り姫に描かれているように、結婚がすべての女性にとって無上の喜びであり、花嫁になることに夢を抱いているのなら、それは造られた夢にすぎない。女はそのつくりだされた夢を手に入れるために、男が運転している電車に、だれかが敷いたレールの上をただひたすらに走る。結婚駅という終点にむかって。(H・M)

「王子を助ける姫」

私は昔からプリンセスというかヒロインなどがそもそも好きではありません。もちろん例外はありますが。いつも助けられ、そのひとについていくことで幸せになれるお手軽なひとばかりです。しかし、私は王子様を助けに行く姫がいてもいいのではないかと思います。むしろ自分で生きたい道を選び、苦しみを理解した上で、男性とともに歩いて行ける

ようなひとが理想です。（T・R）

「ほかに生き方はないのか？」

むかしの家父長制のように、男性が優位に立ち、女性はそれに従う形であるならば、このような生き方は当たり前なのかも知れない。しかし、今日のようにジェンダー学が発達した時代において、このような思想は大きく批判されてしまうにちがいない。「女の子は夫が現れてはじめて本当の人生がはじまる」。はたして本当の人生とは何なのであろうか？

たしかに幼少の女の子は王子様との出会いを夢見て待っている。でも王子様もお姫様の出現を待っているに違いないのだ。人間である以上、男性も女性も異性の出現を夢見ている。男女がたがいに平等に対等社会のなかでそれぞれ人生を模索しながら生きるのであり、どちらもがそうしたサバイバルのなかでひとは牽かれあい、互いのパートナーを見つけるのだ。第一、人生かならずしもパートナーが見つかるというわけではない。ひとりで堂々と生きて行ける人は世の中にたくさんいる。結婚がすべてではない時代が来ている。眠り姫のような生き方は、まさに役割分業のようなものだと私自身考える。それをとっぱらった生き方が今もっとも重要な生き方ではないだろうか？（O・A）

「自分の幸福」

幼いころからこういう話（王子様が迎えにくるという話）ばかり聞かされていると、女の子が自然と待ちの状態になり、王子様があらわれると信じてしまうのはしかたのないことだと思う。

私もきっとジェンダーを学ぶ機会がなかったら、完全に受動的で男が気に入るような女の子になろうと一般的な考えをしていただろう。然し今ではそのような考え方は信じられない。かっこよくて金持ちの男性との結婚イコール女の幸せ、いい男と結婚したから人生のスタートという考えは完全にまちがっている。現に、離婚率だってかなり増加している。自分の好きな仕事をして結婚に頼らず自分の力で生きてゆく、これが本当の人生の幸福ではないだろうか。（?）

以上にあげた感想文はどれも補正なくそのまま掲げたものである。どれもすばらしい文章ではないだろうか。私にはとうていこのような真実な文章を書くことはできない。

学生が眠り姫のアニメをとおして、女性をめぐる教育、通念、抑圧、性、結婚の政治学、眠ること、待っていることの表象的意味、あたらしい男女の関係、自律的な人生設計、男性がわの覚醒、自分にとっての幸福とは何かという問題について真剣に考えはじめ、知りはじめたことが、これではっきりとわかるであろう。

すでに述べたように、昔話のアニメを教材にしたのは、女性たちの内面を掘り起こすため、自分自身の人生について考えてもらうためである。それはきっかけでありはじまりであって、いわばジェンダーの初級講義である。自分たちを内面から束縛していたさまざまなジェンダーを解放し、意識の俎上にのせることで、さらに分野に分かれた講義や演習にむかうことができる。

だいじなことは、学生自身に考えさせ、強制せず、抑圧せず、自然の声を聞くことである。そして、その声を聴き取り、その可能性を伸ばし、つぎのステップにすすむことだ。なかには、このあとジェンダーの講義をとらない学生もいる。しかし、私は彼女らがけっしてこの講義を忘れず、一生のなかのある時期に、きっと思い出してくれ、そのとききっとそれが役に立つだろうと信じている。

第六章 「エバー・アフター」（それからずっと）

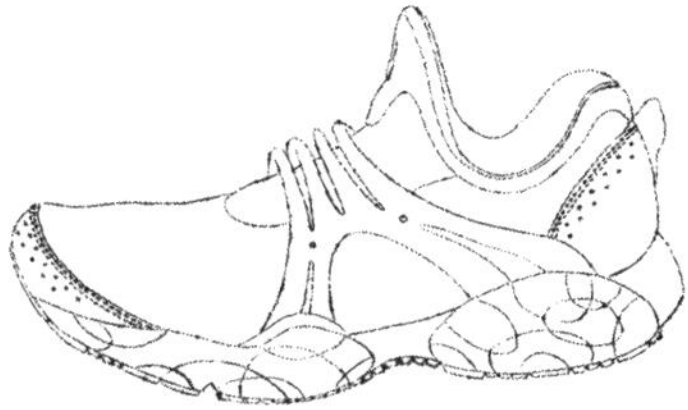

1　地図のない旅

こうしていろいろなプリンセスもののアニメを見てその批評や批判を聞いているとき、ある学生が授業の前に私のところにやってきて、深刻な顔で「先生、なんとかしてください。みんながたがたになっています」と言った。「信じていたものがこわれてしまったからです。パニックです」。うーん、なんとかしなくちゃね。じゃ、「エバー・アフター」を見よう。と私は提案した。

みな無意識でいたかもしれないが、それでもプリンセス・ストーリーに影響された若い女性たちの人生設計は、これほどにもはかないものなのである。多くの学生は、自分の人生設計を二五歳くらいまではもっている。大学を出て、企業に勤めて、いい夫を見つけて結婚し、家庭をもつ。おそらく子どももつ。二五歳くらいまでは設計がある。しかし、そのあとは「出会い」次第なのだ。まるで、くまのプーさんの「ぞぞがいなかったところ」のように地図が空白になっている。計画は立たない。強いていえば「結婚する」ということしかない。あとはぼうとしている。夢がいっぱいあるといえばこれほど夢がある話はない。玉の輿もあるからだ。かといってそれは予測も計画もできない。「女の子の人生は夢がいっぱい」というわけだ。別のいいかたをすれば、それは「地図のない旅」である。危険この上もない。

ある学生は作文にこう書いた。

「私の人生は私の母がきた道をゆくことです。私の母もそう言っています。母は料理がうまく、家政が得意です。短大を出て一流商社（××商事）に勤務し、一流企業の男性と二二歳で結婚し、翌年長男を産み、その二年後に私を産みました。母は自分のような人生を送るように言っています。母は人生の成功者だと信じています」。

そこでこの学生は、母を尊敬し、感謝もしているのだが、母が期待するような人生を自分が送ることができるかどうか、また、そのことが自分の人生といえるかどうか悩んでいると書いている。それは母の人生であって、自分の人生ではないという違和感を感じているのである。しかし、ほかに何かの提案があるのではなく、それでもやはり、夫と子どもに囲まれた「幸福な家庭」は自分の夢であって、その夢の実現は現在（二〇歳）から一〇年間のうちに実現される。「私は自分の一〇年後が楽しみです」。

正直いって私は一般的な女性の育ち方をしていないので、この最後の文章にショックを受けた。「一〇年後が楽しみ」。これはえらく「客観的な」表現ではないだろうか。普通、祖父とか祖母とか近所の人とかが、「お宅のお嬢さん、綺麗になりましたね。これからが楽しみですね」などと言う。かりに二〇歳の青年だったとしよう。「僕の一〇年後が楽しみ」と書くだろうか？

彼は不況時代にうまく就職できるかどうかに不安を感じているか、または学業や職業の選択に迷っているか、あるいは人生をいかに生きるべきかに苦悩しているだろう。理想と現実がくいちがい、かつて夢見たことと冷たい現実の狭間で幻滅したり、あらためて決意を固めたりしているかだろう。自分自身の二〇歳をふりかえってみても、前途の不安しかなかったのを覚えている。画家になるべきか、美術史家になるべきか、どっちを選んでも苦節一〇年の修業が待っているのははっきりしていた。

でも、そんなことでショックを受けていては先生はつとまらない。自分と学生の違いばかりを言っていたら、それは「私が人生の成功者です。私のしたようにしなさい」という母親と同じ抑圧者になってしまう。それに大体、芸術家にしたって、大学の先生にしたって、社会の少数派に過ぎないのだから、その体験は一般的には役に立たない。

それればかりではない！　いまはもうバブル時代ではない。この数十年のあいだに、社会も経済も世界も時代も変った。××商事に勤務してその社員と結婚しても、一生涯の「幸福」の保障は得られないのである。リストラされたら「幸福」はおしまいだ。ガンや労災で死んでしまったら「不幸のどん底」だ。バブルに向かう時代に生きたおかあさんとおなじように生きたって、娘が「幸福」になれる保障はない。それに第一、娘が好きになるのが××商事の男性でなかったら、そこで母娘のあいだに死闘がおこる。娘は言う。「愛より金」なのか？　では「金」を選んで結婚したとしよう。そのあと不況で金もなくなったら、いったいなんのために愛のない結婚をしたわけ？

このような時代には、変転する価値ではなく、なにがあっても変わることのない価値を求めるべきではないだろうか？　むろん、ひとりひとりにとってである。その価値の追求が生きる目的であったり、生きる力であったりする。その生きる目的や生きる力をつくること、それが大学教育の究極の目的だといっていい。こういうと非常に哲学的な話になってしまうかのようだが、私はそうは考えていない。

もうひとりの学生が、私と将来の相談をしているときにこう言った。「私は、職人になりたいのです」。えっ？　と私は言った。家庭も成績もよく、美しい女子学生は一流企業のＯＬになるのが「常識」だったはず。でも、そういうＯＬは結局、企業からはコトブキ退社を望まれて来たにちがいない。

しかし、企業は今、事務職よりも総合職を求めている。女性にもしっかりと覚悟をして働いてもらいたいと思っているのである。当然、大学のほうも、女子学生にむけて、在学中から、自分の人生をどのように組み立てていくのか、そのためには何を学ぶべきなのかを考えさせ、そういう教育へと、意識をかえなければならない。

なにしろ二〇歳から一〇年のあいだに「奇蹟」が起こると思い、その奇蹟が彼女の人生を変え、のこりの人生のすべてがそのとき決定されると信じ、それまでの人生計画は「空欄」であるようなことは、これからの時代には、けっして彼女たちにとって幸せではないだろう。三〇過ぎて、職場の花ではなくなり、理想の男性もあらわれなかったので、これではいけないとあわてて軌道修正しても、最初から計画して準備していたのとはちがって、とても大変だ。人生、結婚しても、子育てが終わっても、いつもやり甲斐のあるような職人の技を身につけたいという、そういう女子学生は、しっかりとした人生設計をもった新しい姿である。

若い女性が自分の身体を磨いて夢みているあいだに、青年は悪戦苦闘し、「妻子を養うこと」ができる一人前の男になろうと必死に努力する。「美しい妻」をゲットするには収入が条件だ。プリンセスが待っていて、王子が戦っているプリンセス物語は、まさにそういう男女の青春のジェンダー役割別の様態をみごとに表現している。プリンセス・ストーリーに洗脳されているのは女性だけではない。学生が書いていたように、男性もまた洗脳されているのである。これもまた学生がいみじくも書いていたように、男性がピンクのスカートをはいた、ふやふやしたプリンセスのような女性を求めるから、女性も男性にもてたいあまりに無理をして変身しているのかもしれない。

そのように考えると、たかが大衆文化だというものの、じつは大衆文化だからこそ、プリンセスものの大流行は、きたるべき男女共同参画社会のいちばんの障害かもしれないのである。どうしてプリンセス・ストーリーがこれほど生産されて消費されているかといえば、この本の冒頭に書いたように、それは社会と家庭の中軸にいるのが男性であると決め、女性はその補助であり、女性の主たる存在理由は性的な仕事――性そのもの、出産、育児――にあるとする家父長制社会の通念にしたがって、その制度や慣習を持続することを理想とし、美徳とする男性たちの見えない力がとても強いからである。その力によってこの社会の教育や文化が創造されているからである。

また冒頭の前提をここでくり返すことはないが、それがうまくいっていて、この社会や国のみんなが幸福で満足しているのなら、なにもそれを変えることはないのである。なぜ私が変えたいと思うかというと、これではいまの女性たちが幸福ではないからなのだ。

あとで述べるが、私がやったアンケートでも、厚生労働省女性局の統計調査でも、女性はみな、理想としては、社会で活動し、幸福な家庭をもつことを望んでいるのである。ところが、それを実現するにはいたるところ障害ばっかりなのだ。実際、「仕事と家庭を両立している」女性に、その人生の経験を聞いてみればいい（金持ちは例外にせよ！ 乳母やお手つだいを雇える階級や職業の人間はこの社会を代表できない）。ひとことでいえば、それは生涯にわたる大障害物競走である。

両親の反対、夫の反対、舅姑の反対など、家族の障害にはじまり、反対でなくても、老人の介護、子どもの養育、子どもの病気、家族の病気、子どもの受験、非行その他の問題行動、企業の差別、男性優遇、男性を基準とした勤務体系・給料体系、セクハラ、上司や同僚の虐めや白眼視等、私的公的あらゆる領域で、社会も家庭も、男性が働くのに有利になっている一方で、女性が「不利」というよりは「無理な」仕組みになっている。子どもがいて仕事をしてきた私にはそのすべてがあてはまってしまう。それにもかかわらず、テレビドラマでは女性弁護士や女性検事や女医が大活躍する！ まったく真っ赤な嘘とはこのことである。芸能界では女性タレントやアーチストがもてはやされ、女性の大臣さえいるのだが、それらは学生には希望を与えない。

エリートの女性はどれほど輝いてみせても、普通の女性の明日を照らさない。それは「自分たちの不運と能力のなさを強調」し、自己評価を低下させ、抑圧をさらに重くするだけだ。普通の女の人がみな輝くことがだいじなのだ。だれもが、自分にもできると思い、自分の力を信じて生きる社会にしなければならない。女性にも一貫した人生の目標をもって、確実に社会のなかで活動の場を得るための平等な機会を与え、そのための教育が家庭でも学校でもなされなければならない。

そうでないかぎり、女性は、生涯一貫してする仕事を見つけることのほうが、「王子様」を見つけることよりも、あるいはそれと同じくらい難しいことを知って、諦めてしまう。最初にプリンセスに生まれなかったことに諦めをつけ、つぎに社会で確実な居場所をもつことを諦めて、結婚する。結婚は夢でもあるが夢の捨て場所でもある。結婚が真にロマンチックであること。食べていくための手段ではなく、愛であること。生きてゆく手段は女性自身がもっていること。男性からみれば、結婚が性的なお手伝いを雇うことではないこと。愛であること。仕事において自立した女性と、生活において自立した男性の愛が結婚であること。それこそ二十一世紀のあたらしい物語である。

そうすれば、なにがふたりの人生に起こっても破滅にはならない。男性が職を失い、健康を失い、生命を失っても、あるいは家庭を去っても、車のいっぽうの輪である女性が彼と家族を支えて生きてゆける。男性が老いた妻に食事をつくることができ、母親をなくした子どもを世話することができれば、女性の側になにが起こっても、家庭の破滅にはならない。男性だけが重荷を負う必要はない。男性にぶらさがり、その自由を束縛するだけが女性の人生ではない。女性が男性を、妻が夫を肩に背負って人生をゆくことだってできるのである。愛があればそれも素敵な人生である。

2　王子様を背負ったシンデレラ

さて、学生がプリンセスの夢を破られて「壊れている」ということは、ある意味では私の講義目的のひとつであった。

中世から連綿と続いた「刷り込み」をまずはきれいに掃除しておかないと、二十一世紀の女性の生きる力は構築できない。学生たちはみな、いつか王子様が来て自分の人生がすっかり変ると、じつはかなりに思い込んでいた。それはやっぱりちがう。王子様は来るかも知れないが、来ないかも知れない。だいたい、ほんとうに人生をともにするのは王子様ではないかも知れない。それに王子様だろうが、乞食王子だろうが、出会いは偶然である。来たら来たでいいし、来なかったら来なかったでまたいいかも知れない。だいじなことは、自分の一度しかない人生を偶然や待ちに頼っていないで、ともかく、しっかりと自分でつくっていくことである。

しかし、あまりにも学生に動揺を与えてはいけないので、予定どおり、事態を収拾するために最後のビデオを見ることにした。それはすっかりジェンダー理論が浸透した一九九八年のアメリカで作られて、かなりヒットした「シンデレラ」のリメーク映画「エバー・アフター」である。監督はアンディ・テナント、主演は「チャーリーズ・エンジェル」のドリュー・バリモア、継母が「アダムズ・ファミリー」の魔女最適女優アンジェリカ・ヒューストンという顔ぶれの、めっぽう笑える映画である。

この映画は、立派なフェミニストのあいだではあまり話題にならなかったが、じつは八〇年代から九〇年代にかけて、アメリカでは古いジェンダーを崩壊させてあたらしい男女の関係を提案するすばらしい映画がたくさん作られているのである。それが一定の興行成績をあげているところをみると、やっぱりアメリカという国は先進国だと思う。男女の性別役割を見直させる映画では、ダスティン・ホフマンの「クレイマー・クレイマー」(一九七九年)がすばらしいし、性暴力への徹底した告発はジョディ・フォスターの「告発の行方」(一九八八年)、結婚の実態と主婦の人生の再出発を描く「ファースト・ワイフ・クラブ」、これはベット・ミドラー、ダイアン・キートン、ゴールディ・ホーンで一九九六年。整形に整形を重ねて、若さと美貌を追求する女性のグロテスクな悲劇を描いた「永遠に美しく」(一九九二年)。これらの映画は、笑ったり、泣いたりしているうちに、これではいけない、もっと別の男女の生き方や愛があるのだと考えさせてくれる。

すぐれた映画には、作者のヒューマニスティックな、また社会的なメッセージが根底にあって、それが人間の心のドラマによって表現され伝えられるので、新しい思想や世界観を若い学生に伝えるには最適の教材である。このような「ジェンダー映画」が、映画評論家によっても、インターネット上のオタク評論家によっても、アメリカのジェンダーの動きとは関係づけられていないことは残念である。しかし、そのことは授業のなかでこれを見せて学生と議論することのさまたげにはならない。

「エバー・アフター」は、ある王国の王系につながる老貴婦人がグリム兄弟を招いて、あなたがたが書いたシンデレラの話はまちがっている、というところから始まる。シンデレラは実際にいた十六世紀のフランスの貴族の傍系の娘で、この話には魔女もいないし、カボチャの馬車も御者になったねずみもいなかった。娘の名前はダニエルといって、ガラスの靴はまだ存在していない。ところでこの老婦人の示すガラスの靴というのが、かかとのないスリッパ状の靴で、つまり誰だってサイズに関係なく履けるものなのだ。そこが味噌。

なにか商売をやっていた富裕な父親が、貴族の血統の継母と結婚したあとすぐ死んでしまい、一家は売り食い状態になって食べるにも困る有り様。ダニエルは老いた下僕とともに終日農園に出て一家の食糧を生産している。そこで、畑をあらした騎馬の若者を打ちのめすが、これが王子様。この二人は舞踏会ではじめて出会って、王子様がシンデレラの美貌と盛装にひとめボレしたのではなく、王子がダニエルに惚れたのは、汚れた野良着を着たどろだらけの顔と腕力が気に入ったから。その上、彼はダニエルを下女か農婦だと思った。だいじなことは、二人はながいあいだに愛を育てたのだし、階級や身分は問題になっていなかったし、いわゆる「女らしさ」さえ問題になっていなかったということである。

そのころフランスは、アメリカ大陸に農民を送って入植させようとしていたので、税金を滞納した罰として、老いた下僕がアメリカ送りになってしまう。ダニエルは役人に直訴するために、自分の死んだ母親の衣服を来て貴族を名乗って出かける。そこで王子に会い、偽った貴族の名のまま交際をはじめる。

ダニエルの最大の喜びは読書することで、亡くなった父親の残したトマス・モアの『ユートピア』を暗記している。そして王になることを嫌悪して自堕落な生活を送っている王子に、王の権力を善用すれば、理想の国家をつくることができると鼓舞する。ダニエルの博学と叡智に感動した王子は、にわかに学術振興（大学建設）に興味をもって王様を狂喜させる。もうひとつダニエルの得意とするのは、これも父親に教わった剣術で、たいていの敵は彼女の剣術にはかなわない。

圧巻は、私によれば、凶暴な山賊にデート中の二人が襲われる場面である。ふたりは捕縛されて、王子はたぶん身代金のためか、または男性だから殺すためかで山賊のもとに残されるが、これが義俠心のある山賊で、「女には用がないから持てるものだけ持ってさっさと立ち去れ」という。するとダニエルは「軽々と」王子を肩に担いで去っていってしまう。それをみた山賊たちは大笑いをする。おかしいのは担がれた王子が愉快そうに手をふっていることだ。

というわけで、ここでは女が男を救い出す。もっと痛快なのは、ダニエルに欲望をもった金持ちが、継母の借金のかたにダニエルを拉致誘拐して城に幽閉したとき、ダニエルが乱暴しようとする男を剣を抜いて組み伏せ、自力で城を抜け出す場面である。王子は軍勢を率いてダニエルを救い出そうと城の門までくるが、その王子にむかってダニエルはふしぎそうに、「どうしたの？」と聞く。かよわい女を男英雄が助け出すという、数千年来のジェンダー役割がまったく役に立たない。彼女は自分で自分を守ることができるから、男の犠牲になったりレイプされて泣いたりしない。男の助けを待っているのでもない。ふだんから労働していて腕力はあるし、剣術の名人なのだ。かっこいいったらない。

結局、身分を偽っていたことがわかったり、継母の誹謗があったりして、ふたりのあいだにごたごたがあるが、ダニエルは王子を愛しているし、王子もダニエルを（強くて頭がよくて教養があるにもかかわらず）愛しているので、二人は結婚する。犯罪的な嘘をついた継母と姉娘は労働者として生きることになり、洗濯女となる。

この映画のなかで、美人でスリムな姉娘のほうが、衣装といい、アクセサリーといい、目つきといい、男を誘惑するすべてのテクニックを駆使する。それを逐一伝授しているのはやはり美人で凄腕の母親である。そこで一時、王子が彼女と結婚しそうになる。こういうフェロモン女というのは男性には非常にいいものらしいが、女性にはかっこわるいものである。それはフェロモン男が女にはいいが、男からみると虫酸が走るのと同じである。しかし、王子は賢明にも、痩せてもいないし、媚びもしないダニエルを選んだ。めでたしめでたし。それからずっと二人はしあわせに暮らしました。

これを見おわってから、学生たちにすっきりしたかどうかを聞いた。博学だったり、畑や果樹園で労働したり、フェンシングをやったり、社会改革に意欲をもっていたり、図書館に入り浸ったりするシンデレラは、やっぱりエリートであって、無条件に感動したというわけでもないらしい。大笑いしながら歓喜して見ているのは私だけだったかもしれない。しかし、「やはり自分で築く人生がほんとうの幸福です」と書いた多くの学生は、ダニエルが自立した生活者であり、下僕を含めて弱者の味方であり、誠実さや労働に価値をおいていることに共感しただろう。なによりも大事なことは、自分の身体を変形したり、男に媚びを売ったり、自分の本来のありかたを偽ったりしなくても、王子様に愛され、愛することができるということである。このストーリーでは、自分らしくあることが、幸福になることと矛盾していないということで、これがみなのいちばん求めていることなのである。

そのためには男性のほうにも、女性をただみせかけの性的価値だけで判断しないという叡智が必要になる。やはり総合的に人間的な価値で女性を評価してもらわないと、女性は永久に自分自身であることと、愛されることの矛盾に引き裂かれたままになってしまう。自立することと、「幸福になること」が矛盾してしまう。その結果、大なり小なり、人生の長い過程のなかで、結局男性の重荷になるような他力本願の女性ができあがってしまうか、または自由でいたいために、結婚もせず、子どももたない生き方を選択するようになる。

実際、かりに王子がダニエルと結婚しなかったとしても、下僕を含めてみなが生きてゆけるようにダニエルは農園の耕作や経営にうちこんだにちがいないし、映画のなかで、姉娘が王子と結婚しそうになったときには、彼女は残った家族と下僕たちのために農園の経営に専心しているのである。愛する男性が他の女性と結婚したからといって、自殺したり、化けて出たり、餓死したりはしない。それはそれでしっかりと受けとめる力がある。

人生にはラッキーなことばかりはない。だから生きていく力はとても大事である。男性にばかりではない。女性にも大事なのだ。それにくらべて、一日じゅう顔を洗っている継母と姉たちは、労働を嫌って贅沢で浪費が好きなので、どこかの男をつかまえて食べていくしかない。あるいはダニエルに寄生するしかない。自立していない女性は家族すべてにとってやがて不幸の源になるし、美貌も若さもなくなった長い一生をそうやって生きていかねばならない彼女たち自身も幸福ではない。

この映画は女性には痛快だが、しかし、男性にも悪い話ではないかもしれない。賢くて、強くて健康な伴侶をもつことは、きっと幸福なことだと私は思う。王国の経営にはダニエルの知性とパワーが役に立っただろうし、王国とまでいかなくても、子どもを含めての家族を支えて不透明な社会を生きてゆくことは、現代の家族にとっても真剣な大事業なのである。

3　ジェンダー教育の成果とこれからの女子教育

私は、いまから三年前、はじめて非常勤講師として女子大学に来たときに、初対面の学生たちが何を考えているかを知るために、「私の人生設計」というアンケート用紙を配って書き込んでもらった。そのときは、ジェンダーということばもまだなにも知らない、高校を出たばかりのみずみずしい学生が五人だけだった。というのは、この学部では、関東ではたいへん珍しいことに、ジェンダー学を一年生の必修にしているのだが、私のジェンダー文化論は必修ではなかったからである。人数は少なかったとはいえ、そのときのアンケートがその後この大学でジェンダー文化論の講義をくみたてる根拠になった。

私が聞いたのは、将来の計画として、仕事をしたいか、結婚をしたいか、その双方をしたいかということと、一〇年ごとに区切った人生計画である。このようなアンケートは私の友人たちも、ジェンダー理論の講義をするときにしばしば行う。それは女性がどういう人生のヴィジョンをもっているかということ、もっと正確にいうなら、ヴィジョンをもつようにさせることが、自立した女性の生き方を学ぶために必要なことだからであり、結局、大学教育というものの究極の目的は、そのヴィジョンを実現するための力をつけてあげるところだからである。

大学とは、未成年が社会人として育っていく過程を助け、生きる力を与えるところである。それは免許や資格などを与えるという、狭い意味での職業的な技能のことだけをいうのではない。それらの技能や資格の習得も、人間としてどう生きていくかというヴィジョンがあって選択されるものであり、そうしてこそ、一生をかけて悔いない方向が見えてくるのである。

女子大学の学生を最初から嫁にいくものと決め、大学をモラトリアムと思っている世間の先入的な偏見は、もういまは時代おくれである。そういう女子大学はこれからはもう学生を集めることができない。いまは、そして今後も持続的な不況があり、少子化も加速している。そのことは私的なレベルでは、女性であっても両親を将来は世話し、一家を背負うことが求められるということであり、公的なレベルでは、すぐれた労働力になってもらう必要があるということである。そのためにはまずなによりも、受け身で消極的な生き方を変えて、勉学でも、生活でも、主体的な意思や判断力や責任感をもつ必要がある。結婚してもかわらない価値やライフワークの基礎を身につけ、結婚しようが、独身でいようが、家庭や社会のなかでたしかな役割を果す人間になってもらいたい。

ところで、そのときのアンケートでは学生全員が、「結婚はするだろう」または「結婚したい」が、「仕事もしたい」と書いた。「社会に出ていきいきと働き、幸福な家庭をもつ」。これが女子学生の理想である。しかし、「あなたのそういう計画を実現するのに障害がありますか。それは何ですか」という質問に、ある学生は「能力」と答え、ある学生は「お金」と答えた。まだ女性であるがゆえの就職時の障壁や、企業にはいってからのさまざまな制度的、習慣的障壁については考えてもいないし、知ってもいなかった。仕事を続けていく上でのもうひとつの、そして克服のむずかしい問題は、家族とくに夫の協力と理解、育児への家族や職場や社会の協力がないということだが、それもまだ若い一年生には見えていなかった。

これらの問題は、ジェンダーの労働論や社会論を学びながら次第にわかっていくのである。それにもかかわらず、アンケートの「あなたの三十代、四十代、五十代はどうしていると思いますか」という設問に対しては、「わからない。たぶん結婚している」か、「子育てに追われている」という予想が書き込まれているだけで、「家庭と仕事を双方やっている」という答えは、ひとつしかなかった。おそらく、自分の家庭を見て、母親の姿を見て、自分もまた家事育児に追われて仕事どころではないだろうと判断しているのであろう。一八歳で、もう理想と現実はちがうということを知っている。

興味ふかいことに、この傾向は、実際に労働省女性局で行った「働く女性の実情」についての調査結果と一致している。二〇〇〇年三月四日に出た報告では、四年制大学卒業の女性の就業状況は当初はきわめて高いが、三〇歳から三四歳で最低に落ちる。それを通常「M字カーブ」もしくは、「きりん型カーブ」と呼んでいる。この報告書によると、結婚、出産、育児期にあたる三〇歳台に就業率は急激に下降する。彼女らは子育てが一段落した四〇歳台で再就職を希望するが、その就職率は上昇しないということである。しかも、結婚、出産、育児等の理由で退職する女性の多くが、実際には働きたいという希望をもっているいると報告書は書いている。むろんここでは、実際には仕事を継続したいにもかかわらず、公私の障害によってやむなく職場を去る女性たちの姿が見えてくる。「大学卒の女性は、経済的自立や、生きがいを実現するために就職する意欲は強いが、就職状況は以前よりも厳しくなっている」。

ところで、なぜ大学卒の女性が継続的に仕事ができないかについて、この報告書はつぎのように分析している。就業を継続しない要因は、「大学卒業時の労働の仕方に対する志向、仕事のやりがいの有無、労働しやすい制度の有無などの労働条件、そして家族の協力の有無」という複雑なものである。さらに報告書はいう。「大学卒業時の働き方に対する志向が実際の働き方に影響を与えており、卒業時の就職継続意思がその後の就業行動を支えている」「大卒女性は事務職や教育職を希望する者が多いが、現在事務的職業の求人状況は厳しく、今後も産業構造の変化や情報化の進展、技術革新等に伴い求人減少が予想される。……大卒女性の仕事に対する意識が変らないかぎり、希望職種と求人側とのミスマッチは引き続き起り得る」。

つまるところ、腰掛け的な事務職志望では求人は少ないし、継続もむずかしいということである。ここから報告書は強く大学に要求する。「就業を継続するか否かは大学卒時の継続就業意思の有無に大きくかかわっていることから学校教育の早い段階から自己の適性、能力と仕事について考えていくように意識啓発を行うことが必要であること、また、自己の適性、能力と仕事内容のマッチングが仕事のやりがいにつながるから、進路指導と関連付けて適切な職業選択のための情報提供やカウンセリングを進めていくことが必要である」。

この勧告には基本的に異議はない。しかし、重要なことは、そのようなことは就職のためのカウンセリングでにわかにやることではなく（やらないよりはいいが）、じつは働いて生きてゆく主体としての女性の生き方を学ぶジェンダー教育でこそ、もっともよく学ぶことができるのである。ジェンダー教育は二十一世紀の女性の「生きる力」なのである。最初から三十代と四十代の人生計画が茫漠としている女性には職業継続の内的動機がなく、しかもそれをいいことにして、企業も自治体も国も、結婚し、子どもをもった女性の労働環境を整備しない。同じ報告書が、仕事と家庭を両立しやすい労働環境を整備するための方策を指示しているのは当然のことである。

雇用年齢制限の撤廃や、フレックス・タイムの実施や短時間勤務制度の実施なども重要だが、女性の仕事、能力、成果についての正当な評価や給与体系、昇進人事などを含めた男女の平等が実現されることがあって、はじめて女性側の意欲が問われるのである。しかも、これらの制度や方策を策定したり、職場の環境を支配しているのは個々の、あるいは集団としての男性であるから、どれほど制度ができたところで、女性にとって死ぬほど辛い職場環境は改善されない。

私は一八年間、大学の上司にあたる男性から徹底したいじめを受けた経験がある。国立大学の教員は国家公務員だから、給与その他の男女差別は一切ない。死ぬほど辛かったのは制度でも環境でもない。ひとりの男性のいじめである。というよりは、そのひとりによって支配されていた男性集団というべきだろう。たとえば、この男性は給料日に、私に向かって「給料の二重どりをする奴」と言った。夫も給料をとっているから「二重どり」だというわけだ。それからこうも言った。「あんたのように子どもをほったらかして外にいる母親の子どもはろくなものにはならない」。

子どものことを言ったこのことばだけは、いまだに許せない。働く女性の致命傷を彼はよく知っていて狙ったのだ。そればかりか、重要な情報はこちらに言わない。絶対に昇進させない。重要な委員につけない。上層部に悪口をいいたてる。とにかく職場で起こるあらゆる種類の嫌がらせだ。つまるところこの男性中心主義者は、「女ごときが大学にいる」ことが許せなかったので、いじめれば退職すると信じて確信をもってやっていたのである。もう彼も退官したし時効で何十年も前のことだから、同じことがほうぼうで起こっているにちがいないので、紙上告発をしておこう。

ところでいくらやめろといわれても、こちらにとってはそこは私の母校であって、経済的にも社会的にも自立し、研究と教育をもってライフワークとしていた私は、そんなことでやめるわけがない。しかしそのおかげで、その一八年間に私は完全にフェミニストになることができた。感謝すべきかもしれない。それに子どもは作曲とデザインに進んだから、彼が言ったとおり「ろくなもの」にはならなかったのかもしれない。ともかく、男女平等の家庭に生まれ、総てに恵まれていた私は、この男性のおかげで、社会の女性がなめている地獄の辛酸をなめ、どれほどの抑圧と差別が家庭や職場の女性を苦しめ、ときに病いに陥るほどの状況に陥れているかをほんとうに知ることができた。

だから労働条件がいくらよくなっても、ひとりひとりの男性が、女性を人間として尊重してくれるようにならなければ、ほんとうの男女共同参画社会はできない。母校を出てつぎに行った大学では、研究業績だけがひとびとの序列に関係してくるだけで、性別では序列は決められなかった。女なのに大学の評議員に選挙されたときは目の玉が飛び出るほど驚いた。私もすこしシンデレラ化（いじめられ症候群）していたか、上野千鶴子さんが言ったように「おしんドローム」していたらしい。その大学では男女が仲間だったので、非常に幸福だった。

だから、女よりも男がえらいと思っていたり、あるいはまた、優越感の裏返しでひがんでいたり、女を「異星人」だと思っている「おじさん」にいいたい。あなたひとりが「女性も人間だ。オレとおなじなんだ」と思ってくれるだけで、職場でも、家庭でも、どれほど女性が救われるか知れないのである。「やれやれ、いまは女の時代だからね」などと言わないでいただきたい。たしかにいままでは「男の時代」だった。でもこれからその反対にしたいというのではない。いっぽうの性が他方の性を差別しない時代、それこそ「共生の時代」を願っているだけなのである。

さて、私は自分が受け持っているジェンダー文化論の四つの講義で、文化のなかに潜んでいる、女性を縛りつけるさまざまなジェンダー構造を脱構築することを計画した。彼女らが幼いときから親しんできたプリンセス・ストーリーの「脱構築」は、その最初の入門、いわば第一のドアである。親しい物語を批判的に読み直すことで、自分のなかにあるものと向き合い、考え、批判することを覚える。

また、これはこの社会で大量に生産され、消費されて、知らぬ間にそうと思い込まされ、意識を変えられているマス・メディアへの批判力をつけるレッスンの一部でもある。マンガ、映画、テレビドラマ、テレビコマーシャル、インターネット上のサイトなどは洪水のようにあふれて、女性の身体や性を商品化し、その人間的な尊厳を破壊している。それがこのようにあふれて、男女の意識をつくっているかぎり、性暴力や性犯罪、そしてセクハラや根本的な女性差別などの現実は、けっしてなくならない。なぜなら、そういうメディアによって、女性を性的で劣ったものとみる、社会的な、また心性的な現実が作られてしまうからだ。すべてのメディアの政治性を見通し、これに対して批判力をもつことは市民社会の、また知的に生きる人間の不可欠な知識である。したがって私は講義のひとつを、メディアをジェンダーの視点から分析することにした。

もうひとつは、女性のセクシュアリティーの問題について語ることにした。子どもを産み、母となることについて、なにが言われてきたか、それが現代の社会ではどのような意味をもっているか。それは女＝母性という型にはまった何千年もの言説の歴史を語ることであり、産む性である女性のあくまでも自覚に基づいた人生の計画をたてるための知識でもある。

最後のひとつは、性の商品化の問題である。私の方法論は常に歴史的なもので、数千年にわたる人類の売買春の歴史と社会状況を知らせることである。知識だけが女性を解放する。知識が客観的にものを見ることを教え、考えることを教える。道徳訓は個人的な問題であって、それを教室でいうことは、考える力を殺ぎ、抑圧するだけである。

今年は服装と化粧の歴史について語ろうと思う。服装と化粧こそは、ジェンダーをつくりあげてきた代表的なものである。なぜ男性がズボンに背広を着ているか。なぜ女性がスカートにハイヒールをはいているか。またなぜいま女性もズボンをはくようになったか。

ジェンダーが文化的に作られていくものであることをこれほどはっきりと示すものはない。そしてこれは同時に服装史の講義であり、ファッションやデザインの講義でもある。

このような講義と、さきにも述べた、労働や家族の社会学的ジェンダー論の双方を聞いていくなかで、学生たちは次第に成熟し、自分のテーマを選ぶことになる。もっと重要なことは、自分の女性としての自覚ある生き方を考えてくれることになる。

かつて、アンケートに答えた一年生も今年は三年になり、来年は（当然だが）四年である。みな自覚のあるすばらしい女性に成長してくれた。彼女たちの希望が実現されるかどうか現時点でははっきりしない。しかし、漠然と腰掛けの事務職ではなく、どんなことがあっても自分自身のものであり、生涯にわたって続けることのできるライフワークをもって、みな大学を飛び立ってほしい。なぜなら、自分で築いた人生がいちばん納得のいく幸福な人生だからである。

おわりに――お姫様、自分で目覚めなさい

学生たちの文章は、みなその思いを秘めているので、どれも捨て難い。しかし、最後をしめくくるにあたって、そのなかの二つのことばをとりあげたい。それは「もしも王子様がこなかったら永遠に眠り続けるという危険な事態になる」という文章と、「お姫様、自分で目覚めなさい」ということばである。

十九世紀の終わり頃に、インドの独立運動をはじめた宗教家のヴィーヴェカーナンダは、長い植民統治によって無気力になっているインド国民に向けて、『インドの目覚め』という雑誌を発行した。それに影響を受けた岡倉天心は、長い封建制によって無気力になっている日本の国民にむけて、『日本の目覚め』という本を書いた。岡倉の思想はそのなかに、アジアの指導者としての日本という国家主義的な精神があるので、そこは賛成できないが、ながいあいだ他者の支配によって受動的になり、無気力になっている集団にむけてその「目覚め」を説いた点では、学生のいう「お姫様、自分で目覚めなさい」と同じ趣旨であ

る。この世界を統治するのが男性であって、女性はそれに従っていればいいというジェンダーの構造ができたのは、およそ四千年前からだといわれているから、それは植民地統治や封建制の比ではない。非常に大きい構造改革である。

それでも確実に人類は進歩して、すべての人間の平等の権利が今は前提である。そして私たちのような教育者は、若い女性たちを目覚めさせ、自分で自分の状況を改善していく意識を与え、その力を与えるために全力を尽している。

しかし、それだけではけっして目覚めはこない。城を囲むいばらが自力ではとうてい除去できないほど堅固であれば、彼女は滅びてしまうか、またはもう一度眠ってしまったほうがいいと思うだろう。最初から無理と知っている女性は、「寝たきり女性」になって生涯を終わることだろう。だから、教育と社会の双方が男女の共生できる世界をつくるように助け合っていかなければならない。

世の中にはいま、「女子大生」に対する批判や軽蔑がみなぎっている。マスコミは電車のなかで化粧し、下着のような服をきて、ダイエットとカレシのことだけに関心を持ち、あまつさえ援交さえしかねない「バカな」女のイメージを拡大宣伝している。

もっとも恐ろしいのは、大学で教えている権威ある男性教師たちの多くも、自分が教えている女子大生を自分よりも愚かか、またはまったく理性や言語の通じない異人種だと思っていることである。ある関西の大学の教師は、インターネットのなかで女子学生を「異星人」と書いているほどだ。

他者を理解するのは容易なことではない。したがって「立派な」男性が女性を理解しがたい人種だと思うのは、それは、男性が非常に長い間女性を「他者化」してきた結果なのだ。自分が論理であり、自分が正当であり、自分が正常である。しかし、それは男性の論理であり、男性の正当性であり、男性の正常である。生まれたとたんから女子と男子は違う教育を受け、ちがう期待を背負って育てられる。そのようにして成人した女性を、男性は「理解ができない」という。

家庭でも社会でも、男性とはまったくちがった状況におかれている、その女性の状況を無視して、あらわれてきた現象だけをとりあげて、それが男性には不可解であると彼らは言う。むろんかすかに、またはあからさまに軽蔑してそういうのである。それは女性のことを謎という名の「ゲットー（ユダヤ人隔離居住地域）」に追い込むことである。まずゲットーから女性を解放しなければならない。自立させる教育をし、自活できる職場を与え、責任ある立場に彼女らを置こう。そのとき、女性は男性にとって力強い仲間になるだろう。「女」という「集団」はない。それは大衆マスコミの作った幻想である。この本からも、女子学生がいかにすぐれた判断力や知性をもっているかがわかるだろう。文章も立派に書き、考えも鋭く個性的である。ここに登場した女子大生は、東大に行ってエリート官僚になるような女性ではない。しかし、社会の基盤を支えてゆく国民の大部分を占める一般の女性である。いわば未来の日本を支えてゆくのは彼女たちである。そこにはどのような受験科目によってもはかることのできない叡智がある。

それはすでに一八年または二〇年、社会や学校や家族のなかで「女の子」として軽んじられて生きてきたなかで、自ら培ってきた、冷徹な批判能力、自己懐疑と強固な自我である。これは叡智の三原則だろう。

だが、この強固な自我を多くのひとは認識することができない。そこから「若い女はなにを考えているかわからない」という言説が生まれ、「女はなにを考えているか」という奇想天外荒唐無稽な本が売れたりする。女性を愚かで性的な存在だと思っているからこそ、この強固な自我に出会ったときにそれを不可解だと思うのである。

おそらく、企業のひとにはよくわかっていることと思うが、日本のあらゆる企業から女性が消えてしまったら、企業はなりたたないのである。企業の底辺や現場で確実に誠実にその基盤を支え、陰ひなたなく労働している女性がもし消えたら、一瞬で企業は壊滅する。しかし、この女性たちは男性よりも安い給料で雇用されている。これも企業の人間にはよくわかっていることと思うが、末端、つまり客に実際に接する女性たちの人柄や責任感がじつは売り上げを左右しているのだ。私は彼女らは末端ではなく、企業や行政の最前衛であると思う。

彼女らはしかし、企業や行政の意志決定の中枢には置かれない。彼女らは交換可能なコマに思われ、そのように扱われている。軽んぜられ、酷使され、しばしばセクハラの対象でもあり、まさにその理由で若さを失うと疎外され、希望を失って結婚にむかう。使い捨て可能な部品とみなされているのだ。

しかし真剣に日本の将来のことを考えてみよう。人口の減少は避けることができない。若い男性のほうが若い女性よりも優秀で責任感があり判断力も意志もまさっていると、実際に断言できる人間がいるだろうか。実際の現場にいる人間は、じつは、女性のほうがしばしばはるかに仕事ができるし、責任感も、勤勉さもまさっていることを知っているのではないか。すべては個人差であって性差ではないことをうすうす、またははっきり知っているのではないか。もしも企業や行政の中枢を女性に奪われてしまったらどうしようという不安や恐れのために、あえて女性の愚かしさをいいたてる必要を感じているのではないか。

しかし、それこそは愚かなことである。人口の減少はあきらかである。国民の半分である女性の身体的、知的エネルギーを利用した国や組織が、将来繁栄することは目に見えている。個人的な人生の幸福を考えてみてもそのことは明白だ。企業の未来は予測できない。若い男性、普通の男性は、妻と子どもを生涯「背負って」いけると確信することはできない。それは重圧である。妻がその意志を貫徹して仕事をしていることによって、人生の重圧をわけあうことができる。育児も家事もそうなれば、当然分担したほうが幸福にそなえることができる。車輪は一個よりも二個のほうが安定しているのはあきらかだ。人生の重圧はわけあって生きる。実際にそれを国家や企業が実践しているノルウェイのような国は、人口が増え、経済も絶好調である。

最近耳にしたことだが、ジェンダーを学んだというと就職ができないとか、むずかしいから言わないほうがいいという指導がおこなわれているそうである。しかし、私は立派な企業がそのようなことをいうはずがないと信じている。企業にとってお荷物になるのは、わがままで意志も能力もない女性ではないだろうか。真剣に働き、自分の仕事に責任をもつ女性が多ければ多いほど企業の利益になるはずである。ジェンダー学はそのように自覚のある真摯な女性を育てる学問であって、やたらな自己主張をする問題女性を育てるものではない。

それに、生まれがよく金持ちで背が高くハンサムな男を追い求め、ぜいたくを保障してもらいたがる女性こそ、「普通」の男を不幸にするのではないだろうか。プリンセス・コンプレックスの女性がいなくなることは、普通の堅実な男性にとっても幸福だ。それでも彼女のほうにもいいぶんがある。自分の生き甲斐、自分の意志、自分の生き方を尊敬し、ともに人生を生きてほしい、自分を性的な対象としてではなく、一個の人格として求めて愛してほしい、これは切実な願いである。

ジェンダー教育は、そのような日本の未来を支える女性を育てるためのプログラムである。世紀はかわり、社会もかわった。古い神話を捨て、あたらしい話を語ろう。そこに未来がある。

参考文献（本文引用順）

ジェンダー学会編、冨士谷あつ子、伊藤公雄監修『ジェンダー学を学ぶ人のために』世界思想社、二〇〇〇年
木村涼子『学校文化とジェンダー』勁草書房、一九九九年
小川真知子、森陽子編著『実践 ジェンダー・フリー教育――フェミニズムを学校に』明石書店、一九九八年
渡辺和子、金谷千慧子、女性学教育ネットワーク編著『女性学教育の挑戦――理論と実践』明石書店、二〇〇〇年
若桑みどり『女性画家列伝』岩波新書、一九八五年
若桑みどり『象徴としての女性像――ジェンダー史からみた家父長制社会における女性表象』筑摩書房、二〇〇〇年
上野千鶴子『家父長制と資本制――マルクス主義フェミニズムの地平』岩波書店、一九九〇年
牟田和恵「新たな社会システムをめざして」満田久義・青木康容編『社会学への誘い』朝日新聞社、一九九九年
エリッサ・メラメド、片岡しのぶ訳『白雪姫コンプレックス』晶文社、一九八六年
コレット・ダウリング、木村治美訳『シンデレラ・コンプレックス――自立にとまどう女の告白』三笠書房、一九八二年
ナンシー・チョドロウ、大塚光子・大内菅子訳『母親業の再生産――性差別の心理・社会的基盤』新曜社、一九八一年
野口芳子『グリムのメルヒェン』勁草書房、一九九四年
石塚正英『「白雪姫」とフェティシュ信仰』理想社、一九九五年
マーク・エリオット、古賀林幸訳『闇の王子ディズニー』草思社、一九九四年

ジャック・ザイプス、鈴木晶訳『グリム兄弟——魔法の森から現代の世界へ』筑摩書房、一九九一年
片木智年『ペロー童話のヒロインたち』せりか書房、一九九六年
河合隼雄『昔話の深層——ユング心理学とグリム童話』講談社＋α文庫、一九九四年
テオドル・ザイフェルト、入江良平訳『おとぎ話にみる死と再生——「白雪姫」の深層』新曜社、一九八九年
マドンナ・コルベンシュラーグ、野口啓子・野田隆・橋本美和子訳『眠れる森の美女にさよならのキスを——メルヘンと女性の社会神話』柏書房、一九九六年
バダンテール、鈴木晶訳『母性という神話』ちくま学芸文庫、一九九八年
イリガライ、棚沢直子訳『ひとつではない女の性』勁草書房、一九八七年
リタ・フリードマン、常田景子訳『美しさという神話』新宿書房、一九九四年
ブラム・ダイクストラ、富士川義之他訳『倒錯の偶像——世紀末幻想としての女性悪』パピルス、一九九四年
マリオ・プラーツ、倉智恒夫訳『肉体と死と悪魔』国書刊行会、一九八六年
メアリー・デイリー、岩田澄江訳『教会と第二の性』未来社、一九八一年
アンジェラ・カーター、富士川義之・兼武道子訳『シンデレラあるいは母親の霊魂』筑摩書房、二〇〇〇年
シモーヌ・ド・ボーヴォワール、「第二の性」を原文で読み直す会訳『第二の性』新潮文庫、二〇〇一年
ブルーノ・ベッテルハイム、波多野完治・乾侑美子訳『昔話の魔力』評論社、一九七八年

謝辞

　長い間美術史を講義してきたが、今は、ジェンダー文化について書くこと、教えることがもっとも大事な仕事になった。そのことに共鳴してくださった筑摩書房の土器屋泰子さんに約束の期限を大幅におくれていたのを叱咤激励されてこの本が出ることになった。土器屋さんとは『戦争がつくる女性像』『皇后の肖像』につづいて、これがジェンダー文化に関する三冊めである。どれほど感謝しても感謝したりない思いである。

　この本の構想は二〇〇一年、まだ私がローマにいるときにできあがった。早速、千葉大学の博士課程にいる、やはりジェンダー文化専攻で、女の子を二人もっている山崎明子さんに頼んで出版されている文献をあらまし収集していただき、しばしば意見をきいた。その後も参考になる文献は数限りなく出てきたが、基礎は山崎さんが集めてくれたものである。あらためて御礼を申し上げたい。

　また私の最大の協力者は川村学園女子大の学生たちである。共著者といってもいい。このような学生のいる大学でジェンダーを教えることになったことを学生たちに感謝している。千葉大での教え子の金谷彩子さんが、まさに内容を象徴したぴったりのイラストを描いてくれた。私は教え子たちに助けられている。
みんなありがとう！

二〇〇二年一一月三〇日

若桑みどり

ちくま新書
415

お姫様《ひめさま》とジェンダー
——アニメで学《まな》ぶ男《おとこ》と女《おんな》のジェンダー学入門《がくにゅうもん》

二〇〇三年六月一〇日　第一刷発行
二〇二四年九月　五　日　第二三刷発行

著　者　若桑みどり（わかくわ・みどり）

発行者　増田健史
発行所　株式会社　筑摩書房
東京都台東区蔵前二-五-三　郵便番号一一一-八七五五
電話番号〇三-五六八七-二六〇一（代表）
装幀者　間村俊一
印刷・製本　三松堂印刷　株式会社

ISBN978-4-480-06115-7　C0236

ちくま新書

1242
LGBTを読みとく
――クィア・スタディーズ入門
森山至貴
広まりつつあるLGBTという概念。しかし、それだけでは多様な性は取りこぼされ、マイノリティに対する差別もなくならない。正確な知識を得るための教科書。

1489
障害者差別を問いなおす
荒井裕樹
「差別はいけない」。でも、なぜ「いけない」のかを言葉にする時、そこには独特の難しさがある。その理由を探るため差別されてきた人々の声を拾い上げる一冊。

1190
ふしぎな部落問題
角岡伸彦
もはや差別だけでは語りきれない。部落を特定する膨大なネット情報、過敏になりすぎる運動体、同和対策事業の死角。様々なねじれが発生する共同体の未来を探る。

1440
二重国籍と日本
国籍問題研究会編
旧態依然かつ不透明な国籍法の運用で、国籍を剝奪されたり、無国籍者に陥る悲劇やナショナリズムに絡めたバッシングが発生している。どこに問題があるか。

532
靖国問題
高橋哲哉
戦後六十年を経て、なお問題でありつづける「靖国」を、具体的な歴史の場から見直し、それが「国家」の装置としていかなる役割を担ってきたのかを明らかにする。

893
道徳を問いなおす
――リベラリズムと教育のゆくえ
河野哲也
ひとりで生きることが困難なこの時代、他者と共に生きるための倫理が必要となる。「正義」「善悪」「権利」とは何か？　いま、求められる「道徳」を提言する。

800
コミュニティを問いなおす
――つながり・都市・日本社会の未来
広井良典
高度成長を支えた古い共同体が崩れ、個人の社会的孤立が深刻化する日本。人々の「つながり」をいかに築き直すかが最大の課題だ。幸福な生の基盤を根っこから問う。